北京工商大学财务与会计学术前沿论丛

Frontier Academic Collection on Finance and Accounting of Beijing Technology and Business University

国家自然科学基金项目71540029和国家社会科学基金项目14I

U0611187

◎ 苏峻 著

中国民营企业绩效研究

Research on the Performance of Chinese Private Firms

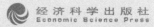

经济科学出版社

Economic Science Press

图书在版编目（CIP）数据

中国民营企业绩效研究/苏峻著．—北京：经济
科学出版社，2016.8
（北京工商大学财务与会计学术前沿论丛）
ISBN 978 - 7 - 5141 - 7188 - 4

Ⅰ.①中…　Ⅱ.①苏…　Ⅲ.①民营企业 - 企业绩效 -
研究 - 中国　Ⅳ.①F279. 245

中国版本图书馆 CIP 数据核字（2016）第 201585 号

责任编辑：齐伟娜　刘懿信
责任校对：王苗苗
责任印制：李　鹏

中国民营企业绩效研究
苏　峻　著
经济科学出版社出版、发行　新华书店经销
社址：北京市海淀区阜成路甲 28 号　邮编：100142
总编部电话：010 - 88191217　发行部电话：010 - 88191540
网址：www. esp. com. cn
电子邮件：esp@ esp. com. cn
天猫网店：经济科学出版社旗舰店
网址：http://jjkxcbs. tmall. com
北京财经印刷厂印装
880 × 1230　32 开　7. 75 印张　200000 字
2016 年 8 月第 1 版　2016 年 8 月第 1 次印刷
ISBN 978 - 7 - 5141 - 7188 - 4　定价：24. 00 元
（图书出现印装问题，本社负责调换。电话：010 - 88191502）
（版权所有　翻印必究　举报电话：010 - 88191586
电子邮箱：dbts@esp. com. cn）

总　序

在人类管理实践的过程中，财务与会计学术前沿研究一直起着很重要的导向作用。财务与会计学术前沿问题是财务与会计研究的探索点和制高点，这些问题具有下列基本特征：（1）基础性。其作用在于填补某一领域的空白。（2）关键性。其作用在于对某些问题取得重大的突破。（3）深刻性。其作用在于能揭示财务与会计事件的内在规律。（4）复杂性。其作用在于能从纷繁复杂的财务与会计事件中理清思路，理出头绪，化繁为简。（5）前瞻性。其作用在于高瞻远瞩，预测未来。由于上述基本特征，我们可以说，攻克财务与会计学的难题就意味着财务与会计学的革命，意味着创新，意味着对专业发展的贡献。

北京工商大学财务与会计学术前沿论丛是一系

列当代财务与会计领域里的前沿性论著。这套丛书是由北京工商大学会计学院一批中青年教授和博士在其研究课题、博士论文或博士后研究报告的基础上修订完成的，是一套充满着求实创新与改革发展气息的论丛。他们的研究内容和所形成的每一项研究成果，都体现了财务、会计改革对我国社会主义市场经济运行的回应，也充分显示出对财务与会计学术领域迫切需要研究与解决问题的理论创新。因此，本套丛书具有十分重要的理论意义和实践价值。

本套丛书的特点：（1）学术性强。本套丛书作为北京工商大学会计学院的研究力作，不仅传承传统，更是紧盯现实，十分注重严密的逻辑推理和论证，它从财务与会计的复杂现象中抓住本质，把握规律。每本书都对经典文献进行了回顾和评论，在前人研究的基础上对财务与会计的现状和发展趋势做出了进一步的探求，进而深化和丰富了主流理论的实务。（2）注重方法论的运用。在财务与会计前沿的研究中，方法论的规范化是十分重要的。当新的理论被提出时，必须严格检验那些依照这个理论的逻辑推演产生的结论是否与所要解释的经验事实相一致。如果一致，就是不被证伪的，这个理论暂时就可以被接受；如果不一致，这个理论就必须受到修正或摒弃。（3）理论研究和政策建议相结合。国外经济理论研究的平台是发达国家已经存在的市场经济状态，其重点也在于分析均衡市场中的可能性及现实性，但对于像中国这样的发展中国家，理论研究平台与国外有很大距离，我们的市场正在形成中，人们的经济行为不能简单地用代表性行为人来给定，所以，在经济没有完全市场化的环境中，中国经济问题的研究特别要突出中国特有的政治、制度、环境等背景和特征。同时，中国正处于大变革时期，政策层面的变革将对未来中国经济产生深远的影响。因此，理论从实践中来，也必须回到实践中去，为国家的经济发展和改革提供政策支持正是本丛书之特征所在。

　　有抱负的青年学者们勇于探索、积极实践的精神是令人欣慰和赞赏的。他们以更宽泛的视野和更积极的态度投身于中国现实问题的研究中，其论题涉及会计、审计、财务管理、税收等多个领域，同时，他们的研究还打破学科界限，融合管理学、经济学和金融学等多学科知识，力图实现对问题的整合性研究，这正是当代科学探索的一种新示范。北京工商大学会计学院团队将以不懈的努力为财务、会计领域的改革与创新做出贡献。

北京工商大学副校长　谢志华博士

2006 年 10 月 26 日

前　言

改革开放三十多年来，民营经济在经济建设中发挥着越来越重要的作用，不仅向国人展示出自身旺盛的生命力，也向世界展示出令人惊叹的"中国速度"。近年来，全国私营企业户数及注册资本（金）、个体工商户户数及注册资本（金）都比上一年实现了不同程度的增长；主营业务收入和利润也分别实现了不同程度的增长，并且其增速大大高于国有及国有控股企业、外商及港澳台商投资企业以及其他类型企业；此外，在创新、税收等方面，民营企业也实现了较快的增长。实践证明，民营经济是我国最富有活力、内生动力和创新精神的力量，它最能适应市场经济的变化和竞争。近几年世界经济充满变数，并且呈现不平衡的特征。此外，国际新贸易保护主义势力抬头，世界贸易摩擦不断加剧。可见，当前民营企业正处于大分化、大变动时期。党的十八大指出，以科学发展为主题，以加快转变经济发展方式为主线，是关系我国发展全局的战略抉择；同时还强调，要毫不动摇地鼓励、支持、引导非公有制经济发展，保证各种所有制经济依法平等使用生产要素、公平参与市场竞争、同等受到法律保护。我国逐渐加强对非公有制经济的支持力度，对民营企业来讲是难得的历史机遇。民营企业应该积极适应国内外经济形势的新变化，抓住机遇，迎接挑战，加快企业转型升级的步伐。本书尝试从民营企业来源、民营企业社会绩效以及民营企业履行社会责任等几个方面揭示民营企业发展的几个侧面。

在民营企业来源方面，通过使用 2006 年我国 31 个省级行政区民营企业经营的随机调查数据，我们发现，与可比新设民营企业相比，私有化的国有企业和乡镇企业的业绩表现较差，这是使用不同方法和规范得出的一贯而显著的结论。简单地说，民营企业的出身影响了它们的业绩表现。私有化形成的民营企业虽然拥有较好的公司治理机制，如大多数私有化企业有董事会结构、有更独立的董事会、没有集中的内部股东，但其生产率与新设民营企业并没有差别，且更容易获得银行贷款。然而，与新设民营企业相比，私有化的企业业绩表现较差。可能的原因是这些私有化的企业初始时业绩表现就不佳，在模糊的私有化过程中也没有找到有能力的具有创业精神的管理者。德温特和马拉泰斯塔（Dewenter and Malatesta，2001）研究发现私有化的好处只发生在私有化的过程中；我们也认为私有化的好处将逐渐减弱。我们也同意艾伦等人（Allen et al.，2005）的研究结果。艾伦认为"法律—财务—增长"这一模式适用于私有化的企业，但是却不适用于新设的民营企业。新设民营企业替代性的治理模式解释了它们更好的业绩表现。

企业社会绩效（CSP）及其近似概念——企业社会责任、企业社会回应、企业公民等，已在相关的管理学文献中被提及长达 45 年之久。尽管研究时间很长，但企业社会绩效领域仍然存有争议。在很大程度上，企业社会绩效等同于"做好事"；对企业社会绩效与财务业绩之间统计关系的研究是为了呼吁管理者更加注重企业社会绩效。这两方面问题主要应归咎于缺乏企业社会绩效理论和衡量方式。当然，站在不同立场来看待企业社会绩效是可行的，而且是可取的。企业社会绩效是关于企业活动对社会、利益相关者、企业本身的影响和结果的一种描述。结果的类型由企业一般的和特定的关联方决定，这是由企业社会责任（CSR）的结构原则决定的。这些结果的生产、监测、评价、补偿和整改是由企业的社会回应——企业与信息、利益相关者以及社会事务连接的范围——来定义的。所有的这些元素都能被衡量和评估：行动与结果、过程以及结构性原则的具体指导。

应当指出的是，现在研究企业社会绩效的学者们面对的部分难题是他们在实际中显然无法获得有效的数据。公司有充分的理由掩盖它们的缓冲、平整以及衔接行为，不对其过程中产生的结果进行信息披露。很显然，一些公司提供的信息是具有完全操纵性质的或带有欺骗性质的。然而，还是有许多公司尽力表现着它们诚实的意图，这些公司有着较高的透明度，提供更为详尽完善的监管和合规报告，反映了违反监管、安全问题、产品召回和违法行为等可能的情况。

从这项研究中得出的第一个主要结论是，企业社会绩效和财务绩效之间的关系模型目前尽管存在着衡量、方法和理论方面的疑问，但总体来说已经相当完善。应用现代统计技术计算的结果表明，二者之间确实存在着正相关关系。总之，公司良好的绩效会带来更高的底线，不好的绩效则很可能导致财务损失。特定变量之间的关系和因果问题仍待解决。但正如我们第二个和第三个结论中指出的那样，这也许不会成为本阶段后续研究中最有成效的途径。

第二个结论是，大量的企业社会绩效实证研究都着眼于各种"社会责任"（或不履行责任）行为给企业自身带来的结果，不仅包括财务绩效，还包括声誉、创新、需求资源的可得性等。这是完全可以理解的，因为大多数研究企业社会绩效的学者的培养地——那些商学院，只以公司为着眼点，而不关注究竟什么是企业社会绩效。企业社会绩效的本质说明，如果企业对于利益相关者的影响没有大于对社会的影响，那么至少对二者的影响程度是一样的。企业社会绩效的全部理念是识别和评估企业社会关系的影响。现在我们的研究应由关注企业社会绩效如何对企业产生影响，转变为关注企业社会绩效如何对利益相关者和社会产生影响。

第三个结论是，目前人们对于企业社会绩效的认知实际上已经远远超出了我们自己的想象，它只不过是没有被称作"企业社会绩效"而已。有大量的相关文献对商业活动的原则、过程和给利益相关者带来的结果（无论结果好坏）进行了阐述，但我们没有把这些内容归入企业社会绩效的领域。对于熟悉一般管理研究的人来说，很显然，这个领域内已经有了很多成果，而且这些成果看起来必然与企业社会绩效相关。但是，确实只有很少数的成果是直接划归到企业社会绩效名下的。

企业社会绩效的研究人员全都为他们跨学科的研究方法而自豪，但这也恰恰是企业社会绩效文献自身最大的缺陷所在。许多其他领域和学科，如利益相关者理论、企业与政府关系、商业道德、哲学、战略、组织行为学、市场营销、人力资源、法律、公共政策、人类学、社会学、心理学、政治学、历史学、医学、传染病学、环境研究、工程、经济学等，都可以为企业社会绩效研究提供帮助。研究企业社会绩效的学者需要齐心协力，在相关研究中吸纳各种最佳的思路、方法和结果。

在民营企业社会责任方面，我们研究了慈善捐助以及企业状况（比如业绩）与企业从四大银行（国有银行、股份制银行、城镇商业银行及信用合作社）融资获得贷款之间的关系。实证结果是基于一份 2008 年由中央政府部门对全国范围内私营企业所做的调查样本得出的。我们的研究在现有财经文献的基础上，考察了私营企业对于银行歧视现象的回应，并且提出了慈善捐助是帮助私营企业活跃成长的一种可选择的机制。在发展中国家疲软的法律框架的背景下，对于慈善捐款在帮助我国的私营企业从银行获得贷款中的作用，我们支持利益相关方参与理论，这个理论认为，慈善捐款在帮助银行提高监管效率和帮助私营企业释放资本约束方面的作用很大。

我们发现，慈善捐助让私营企业从国有银行和当地的城镇商业银行得到了更多的贷款。我们的研究揭示了一个奇怪的现象：我国的国有银行在放贷决策中既运用商业逻辑，也考虑其他因素（如企业的慈善行为），并且国有银行在对我国私营企业放贷时比股份制银行和城市信用银行更有效率。这可能要归功于我国从2005年开始的银行业改革。有了境外战略投资者的奠基，国有银行开始采用商业逻辑和更好的管理机制。我们的研究结果也体现了我国银行业的道德考量，即在放贷决策中开始评估私营企业的社会责任履行情况。

此外，我们的研究结果对各级政策制定者和协调者都很有价值。我国的银行体系还在发展中，就像银行借款和疲软的业绩表现之间的明确关系所表明的，这种关系在研究贫困省份服务业的银行贷款的文献中提到过。我们的研究也为其他的发展中国家提供了借鉴，中国银行系统的现状也是众多潜在投资者所关心的。

我们在研究中使用的调查数据限制了我们的测量选择和内生性测试的可能性。我们相信我们的课题仍然能够提供一个新的研究方向，即银行应该怎样在过渡经济中发挥社会责任。除了把借款企业的社会责任推广为筛选风险的因素之一外，就像我们研究中所调查的一样，银行实际上可以通过转变为道德银行而更具社会责任感。

在我国民营企业这个范畴中，小微企业几乎占据了绝大多数。本书揭示了新时期下中国小微企业的生存环境并不理想，仍需从政策、市场、法律等方面去完善。只有具备了适合小微企业平稳较快发展的环境，小微企业才能真正挑起引领中国经济发展的重任；只有克服了融资难和税负重的主要困难，充分抓住国家各项政策扶持的机遇，小微企业才能迎来更好的发展。小微企业要提升自身竞争力去适应市场的变化，这要求企业要练好内功。中小微企业的当务之急是根据国外国内经济形势的变化及时调整自身的战略，这样才能捕获新机遇给予的市场份额，获得重生的新优势。

欢迎广大读者朋友提出宝贵意见！

苏峻

2016 年 8 月

目　录

第一章

民营企业来源研究

通过 2006 年覆盖中国 31 个省级行政区的民营企业的随机调查数据，我们发现，与可比的新设民营企业相比，私有化的国有企业和乡镇企业的业绩表现较差，这是使用不同研究方法得出的显著结论。简单地说，民营企业的出身影响了其业绩表现。私有化形成的民营企业虽然拥有较好的公司治理机制，如大多数私有化企业有董事会结构、有更独立的董事会、没有集中的内部股东，但其生产率与新设民营企业的生产率并没有差别，且更容易获得银行贷款。然而，与新设民营企业相比，私有化的企业业绩表现较差。可能的原因是这些私有化的企业初始时业绩表现就不佳，而在模糊的私有化过程中也没有找到最有能力的具有创业精神的管理者。德温特和马拉泰斯塔（Dewenter and Malatesta, 2001）研究发现私有化的好处只发生在私有化的过程中；我们也认为私有化的好处将逐渐减弱。我们也同意艾伦等人（Allen et al. , 2005）的研究结果。艾伦认为"法律—财务—增长"这一模式适用于私有化的企业，但是却不适用于新设的民营企业。新设民营企业替代性的治理模式解释了它们更好的业绩表现。

第一节　引　言

过去二十年里私有化的浪潮为在私人所有权下提高经营效率提供了大量的证据。过去的研究支持这样一种观点：私人所有的企业比其他可比的国有企业效率更高，获利更多（Meggison and Netter，2001）。大量实证研究证明了发达和转型经济中私有化的有用性，被抛弃的公司会变得更有效率、获利更多、财务更稳健，同时获得更多的投资。私人企业有更好的业绩表现已经形成了共识。博德曼和维格（1989）认为，与民营企业相比，国有企业和合营企业的获利能力和生产率较低，因此，美国完全私有化必定会增加效率，他们在 1992 年也曾得出同样结论。马具曼达（1996）认为民营企业的效率最高，其效率高于印度的国有企业。田（Gary Tian，2000）使用中国上市公司的数据证明了私有企业比合营企业业绩表现好。

博可、施莱费尔和维思尼（1996）从理论上论证了当公司新的所有者是利润最大化的投资者而不是公司的雇员和管理人员时，私有化会导致公司高效率重组。更为普遍的是，琼斯、麦吉森、纳什和内特尔（1999）证明了全世界的私有化政府机构一贯使用所有权分配来进一步达到其政治和经济上的目标，这将导致所有权集中到对其有利的利益集团手中。孙和侗（2003）认为，尽管中国股票发行的私有化过程已经导致了产出膨胀，但是并没有降低成本和提高收益。这引起了以下几个重要的问题：私有化确实能够增加效益吗？如果没有初始重组，私有化形成的民营企业会优于新设民营企业吗？在进行私有化后的企业里，所有权和控制权又会怎样呢？

20 世纪 90 年代，中国政府开始采取"双轨制"来改革过去的计划经济，逐渐转变成以市场为导向的机制。作为经济的主导力量，像国有企业和乡镇企业这类企业逐步转变为股份制公司，建立起现代管理机制，更重要的是改制为民营企业。并不是所有重组的企业都完全私有化了，其中一些企业完全私有化，而其他的则仍保持一定比例的国家股权，如邓、甘和何（Deng，Gan and He，2007）提到的非完全性重组。中国政府在重组原国有企业时贯彻"抓大放小"的政策。大多数小企业被认为在战略上对国家的经济是不重要的，政府在私有化如何执行方面给予了一定的自由。截至 2000 年，80% 的企业已经通过各种方式实现了转变，包括重组、转化为股份制公司、合并、租借、合同、出售和破产倒闭（Stoyan and Zhang，2002）。小企业逐渐改组为由新的非国家的所有人（有些是公司的内部人员，例如先前的管理人员和公司雇员）拥有。

正如刘、殷和张（Liu，Yin and Zhang，2008）指出的那样，传统的国有企业在所有工业产出增加值中的份额从 22% 降到 13%，在企业数量方面从 2001 年的 20.2% 降到 2005 年的 6.2%。在同一时期，民营企业在产出增加值中的份额从 7.7% 增加到 17.8%，在企业数量方面从 21.1% 增加到 45.5%。在民营企业中，私人股东平均拥有超过 98% 的所有权，而政府仅拥有平均不到 0.4% 的股份，目前这一持有比例也已经缩小到了 0.2% 左右。私营企业的净资产收益率（REO）从 2001 年的 13.2% 提高到 2005 年的 17.3%。

德温特和马拉泰斯塔（2001）发现，私有化可能会导致利润增加，而且这很可能会发生在私有化的当期。私有化当年过后，私有化形成的民营企业在效率上与其他私营企业没有显著的不同。拉保拉和西拉内斯（1999）也发现，墨西哥的国有企业私有化形成的民营企业迅速弥补了与其可比的私营企业的差距。

邓、甘和何（2007）证明了剥夺大股东利益显著降低了重组公司的业绩，尤其是不完全性重组公司。剥夺大股东利益的动机主要取决于公司的组织形式，而公司的组织形式又是在私有化过程中形成的。刘、殷和张（2008）根据经验检验了中国公司化和私有化的不同，发现较大地方的就业压力、较小地方的财政压力以及更腐败的地方经商环境，都导致进行私有化的可能性比公司化更小。然而，从就业和获利这两方面来看，私有化是这两个选择中更有效率的。范、王和张（2007），邓、甘和何（2007）都强调了理解私有化过程的重要性，因为这可以改善公司化之后对财务业绩的评价，并且认为剥夺大股东（中国政府）利益这一现象的存在会造成业绩的恶化。我们的研究结果和他们一致。我们发现私有化形成的企业在一定程度上仍然受到政府的影响，这间接导致了与新设民营企业相比，私有化形成的民营企业的业绩更低。

刘、殷和张（2008）不能辨别私有化形成的民营企业的出身，他们认为，大体而言，新设民营企业使用的都是由改组的国有企业占有随后又释放的资源。然而麦吉森和耐特尔（Megginson and Netter，2001）指出，上述公司是第四种私有化的主要类型，即从低级开始的私有化。我们的研究明确地区分了私有企业和私有化新兴企业，并在私有化形成的民营企业的两种起源中发现了显著的业绩差异。

除了所有权的形式，所有权的集中程度也有很大影响。克莱森斯和丹可（1999）发现，集中的所有权与更高的获利能力及劳动生产率有关。公司的规模也会影响对私有化后的业绩的评价。丽萨等（2000）从审查捷克斯洛伐克国有企业分解的业绩效应中，发现公司规模对小型和中型公司的效率和盈利能力有直接的积极效应，而对稍微大型的公司则有消极效应。

西方（Megginson and Netter，2001）和中国对私有化的研究大部分都集中在私有化时的自我业绩变化上，国内的研究（Deng，Gan and He，2007；Fan，Wong and Zhang，2007；Sun and Tong，2003；Tian，2000）几乎专门针对部分公共的私有化公司提高业绩的结果，那么，那些完全私有化的非上市公司怎么样呢？它们的表现如何呢？私有化赋予了它们可持续的更好的业绩吗？与那些不是来自私有化的私营企业比较起来又如何呢？

在本节中，我们关注的是私有化之后公司的业绩表现与从设立之初就私有的民营企业的比较。我们也会检验中国公司治理变量对私有企业业绩的作用。我们还分析了公司治理模式变更、董事会特征和股东特征在帮助改善私有企业业绩上的作用。

经过30多年的经济改革，对私有企业的歧视仍然存在。随着越来越多的国有企业和乡镇企业重组为民营企业，这种情况是否有所缓解是本节试图研究的一个问题。私有化形成的民营企业继承了与政府官员、银行管理人员和国有企业的管理人员的关联，所以相比于新设民营企业受到的歧视较少。

首要考察事项就是检验私有化形成的民营企业用盈利能力度量的业绩表现是否比新设民营企业更好。通过对民营企业实施的全国范围内的调查，我们发现，在用总资产收益率（ROA）和销售回报率（ROS）测算公司的盈利能力时，私有化形成的民营企业的业绩表现总是比新设民营企业差。这一发现对控制企业特征的结论是稳健的。随后，我们研究了几组企业，即国有企业、乡镇企业和私有化新兴企业之间的不同点，以寻求私有化形成的民营企业业绩表现差的原因所在。回归结果表明，跟新设民营企业相比，私有化形成的企业虽然更易获得银行贷款、标准的公司治理结构以及更好的政府关联，但是业绩表现仍然较差。私有化形成的民营企业能够从与政府官员、银行管理层更好的关联中得到好处，基于这一点，其业绩表现应该很好。但是，随着时间的推移这些优势会减弱，同时其他影响业绩表现的因素，如公司治理模式等，也会影响业绩。我们对这些因素及其相互作用对私有化形成的民营企业的业绩具有何种影响很感兴趣。

此次考察结果显示，私有化通过一系列的机制影响了企业业绩，而这些机制则与我国较弱的制度环境有关。特别是，我们发现，私有化形成的企业乐于从银行或其他国家机构借款。我们发现，在有较发达的市场和法律系统的地区，私有化形成的企业的业绩表现会更好一点。这些发现支持了这样一种观点，即私有化本身并没有缓和中国市场普遍的低效率，这似乎也表明市场支持制度对私有化形成的民营企业有利。

刘、殷和张（2008）的研究表明，民营企业并不总是国有企业的替代选择。私有化的理论建立在这样一个前提之上，即国家所有权下政府干预的负面影响很大，且只有通过私有化才能消除这些负面影响（Megginson and Netter，2001）。基于这一前提，本节试图证明私有企业仍然受到政府的干预，例如被迫接管较差的国家资产。这一论证也是私有化后企业业绩表现更差的一个原因。

私有化能够提高企业业绩，但是很多因素影响了私有化的成功。公司应该通过一种尽可能透明的方法来进行私有化，同时，就像麦吉森和耐特尔（2001）讨论的，销售过程应该面向尽可能广阔的横截面的潜在顾客。也就是说，以何种方式进行私有化也会影响私有化后的业绩表现。在我国，竞标、由以前的雇员购买和管理层收购是普遍的重组方法。即使存在公共的竞标，仍不排除幕后交易的存在。

本节剩下部分的结构如下：第二节分别介绍了在我国国有企业和乡镇企业进行私有化的背景；第三节提出了假设，同时概述了计量经济学的规范；第四节描述了数据和变量；第五节以实验为依据，测试了假设并且报告了相关结果；第六节是总结。

第二节　背　景

一、中国国有企业的改革

国有企业（SOE）是指被某一更高级别的政府控制，并且名义上是被全体人民共同拥有的企业。我国 30 多年的改革由政府逐渐推进，国有企业的改革也不例外。改革初期，我国着重提高生产率而不是直接进行私有化，而提高生产率首先强调自主权和更好激励机制的企业治理结构，然后为了预先的财务目标签订长期的管理合同。与直接引入市场和价格自由化不同的是，我国通过在国家工业部门引入"双轨制"以及通过降低国家行业垄断，建立了和计划相平行的差额边际市场。不可否认，这些改革在产出和生产率上带来了根本的提高。1980～1989 年，全要素生产率的增长每年为 4.68%～6%（Li，1997）。然而，这种渐进改革的方法也有局限性。在 1979 年改革初期，大部分国有企业都是盈利的。自从改革以来，尽管有显著的产出膨胀和生产率提高，国有企业的获利能力却大大降低了，在 20 世纪 90 年代早期，将近 40% 的国有企业是亏损的。很多国有企业大量欠债，截至

1994 年，将近一半的国有企业零资产或负资产。盈利能力降低有两个原因：第一，由于没有明确的资产所有权界定，国有企业的责任在于获利方面而不是损失方面，这就降低了国有企业提高经营效率的动机；第二，由于国有企业自身需承担很多的社会责任（如社会安全、住房和教育）和"双轨制"带来的外部价格控制，国有企业的经营条件十分不利。这些政策负担使得国有企业在与迅速发展的私人部门竞争时处于不利地位。政策负担也使国家很难通过使亏损企业破产来硬化预算。同时，"双轨制"价格体系也为腐败提供了机会。国家作为剩余索取者，应该承担亏损和国家资产分散的后果。

在双轨制价格体系中，在完成了强制性供货责任之后，国有企业可以以市场价格出售超过定额的产出。它们也可以从市场上购买生产资料，根据市场需求来扩大产量或者扩大产能。这就使国家的银行系统过度紧张。国有企业占用银行贷款的比例从70％增加到80％，据保守估计，这些国企不能收回的负债大约占据了所有未偿付的银行贷款的1/4。这些问题导致了一个更根本的改革阶段的到来。1993 年，中国共产党第十四届中央委员会第三次全体会议支持建立现代企业制度。特别是，此次会议批准了通过私有化来发展多样化的所有权形式，这将使得国有企业在市场上以平等的地位参与竞争。1997 年第十五届中央委员会进一步通过了拓宽和加快这一提议的决定。有人提议，应该将小型的和中等规模的国有企业"照现在的样子"以尽可能高的价格和尽可能快的速度出售。如果将"抓大放小"作为国有企业私有化的政策，意味着除大约 300 家最大的国有企业之外的其他国有企业全部私有化。目前我国民营企业的来源及行业分布见图1-1、图1-2、图1-3。

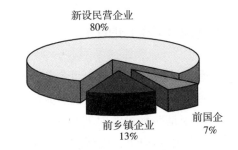

图 1-1 民营企业来源

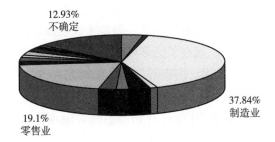

图 1-2 行业分布

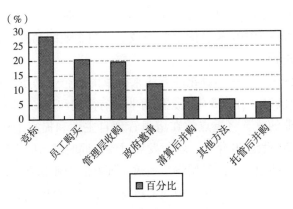

图 1-3 私有化方法

二、中国乡镇企业（TVE）的改革

乡镇企业由镇政府或者村级控制，而名义上由整个镇或村拥有。在中国的行政制度中，镇或者村是级别最低的，乡镇企业向私有企业的发展和转变是一种过渡时期特有的现象。20世纪80年代，乡镇企业的发展不断加快，逐渐成为这一时期中国迅速发展的中心部分。乡镇企业的发展似乎并没有成为中国早期改革的关键。但是，改革确实放松了对农村地区工业活动的限制，同时推动了商品市场上更普遍的竞争。得益于农业改革的成功，农村地区变得更加富裕，拥有了更多可获得的劳动力。但是，这一增长在90年代开始减缓。国家部门继续降低私有部门的相对规模，但最近十年经济的增长却仍是来自包括乡镇企业在内的私有部门。很多乡镇企业在90年代开始经历财务困难，出现大规模的破产。

20世纪80年代，国有乡镇企业带动了中国奇迹般的经济增长（Chen et al.，1992；Jefferson et al.，1996）。90年代，私有部门已经成为中国经济的重要领域。乡镇企业的私有化在90年代开始进行。

中国采取了一种进化的方法来改革国有企业的所有权形式。在向市场转轨的前15年里，随着非国有部门和市场体制的发展，国有企业的改革将重点放在增强管理自主性和提高工作积极性上。在20世纪80年代，农村发展过慢，同时城市国家财政业绩恶化，一些地方政府开始将当地政府拥有的企业私有化，即众所周知的乡镇企业私有化。中国共产党第十四次全国代表大会决定在国有企业中进行产权改革。尽管政府决定要彻底地从中小企业中撤回国家所有权，但是，仍应在"现代企业制度"规划下循序渐进地进行国有企业产权改革。在这一规划下，政府仍然保留对关键战略领域中大型国有企业的控制权，通过将这些公司转变成具有更明确的财产权和易转移所有权的公司，来对这些企业进行改革。像"抓大放小"这些改革政策在 1997 年 9 月的中国共产党第十五次全国代表大会上得以重申和确认。随着下层无意识的活动和上层的鼓励，从 20 世纪 90 年代起，中国的工业经历了国有产权重组的巨大浪潮。

乡镇企业私有化的作用和速度让人们惊讶。从 1995 年到 2000 年的短短几年时间里，很大一部分乡镇企业转移或者出售给企业的内部人员：管理层和雇员。昆和林（2000）、帕克和申（2003），以及李（2003）调查了乡镇企业的财产权发生如此大范围变化的原因，这些乡镇企业在改革最初几年里的活跃表现让经济学家印象深刻又感到很困惑。意识形态的改变、金融制度偏好的转变以及市场竞争强度的增强都是已识别出的 20 世纪 90 年代末期促成乡镇企业大量私有化的重要因素。李和罗泽尔（2000）利用 1994～1997 年江苏和浙江 88 家私有乡镇企业作为样本，估计了私有化对乡镇企业业绩的影响，发现改革对劳动力生产率具有重大的积极影响。通过对 2000 年广东和江苏 45 家乡镇企业的调查，鲍尔斯、东和霍（2003）发现，私有化通过使管理层对企业资产的利用更加负责以及使公司更加以利润为导向来提高效率。

第三节　假设的提出

在过去 20 年里，私有化和重组成为国有企业和联营企业的主要发展趋势。近期很多研究将中国企业划分为上市公司、国有企业和私有企业三类（AQQ，2005），其他的研究则划分为国有企业和民营企业两类（Deng Gan and He，2007）。在本节中，我们重点关注不同起源的私有化形成的民营企业，尤其是私有化形成的民营企业和新设民营企业。在私有化的类别中，我们进一步探究了由原国有企业或乡镇企业重组而来的私有企业之间的业绩表现差异。

克拉森和丹可夫（Claessens and Djankow，1999b）发现，集中的股权与更高的盈利能力以及高劳动生产率有关系。我们发现，新设民营企业比私有化形成的民营企业更趋向于有集中的股权结构，因此，私有化形成的企业或许业绩表现会更差。孙和佟（Sun and Tong，2003）研究表明，尽管中国通过发行股票使股权私有导致了产出膨胀，但并没有能够控制成本以及提高盈利能力。通过他们的论证可以看到，私有化并不一定能够确保更好的业绩。德温特和马拉泰斯塔（2001）发现，私有化可能会导致盈利提高，并且这一提高最有可能发生在私有化的当时。私有化的当年过后，和其他私有企业相比，公司的效率并没有显著的不同。也就是说，随着时间的推移，私有化的好处消失了。

假设 1.1：在中国过去的 10 年间，私有化是形成民营企业的重要方式。但是，私有化形成的民营企业的业绩仍然不如初始就设为私有的民营企业。

通过估计以资产回报率（ROA）和销售回报率（ROS）作为因变量的收益等式，我们检验了上述第一个假设。由于难以获得权益回报率（ROE）的数据，我们没有使用 ROE。具体来说，我们检验了下列等式（1.1）：

$$Profitability = \beta_0 + \beta_1 \times pridummy + \beta_2 \times governance +$$
$$\beta_3 \times control + \varepsilon \qquad (1.1)$$

在等式中，收益是以 ROA 和 ROS 来衡量的，pridummy 是私有化的模拟变量。Governance 这一变量代表了董事会的独立性以及股权集中度（根据是否有超过 50% 的股份集中在一个所有者手中）。控制变量包括了企业成立时间、上一年度业绩（ROA - 1和 ROS - 1）、年销售收入增长率、杠杆率、市场份额这些因素，并且每一次回归都控制"地方市场发展指数"不变。我们假设企业的收益与私有化模拟变量呈负相关，也就是说 β_1 系数小于零且显著。

在证明了私有化的民营企业表现不佳后，我们需要建立其他假设和检验来证明私有化具有负作用。为此，我们检查了私有化产生负作用的这一过程。我们首先假设私有化是很重要的。这是因为，由于计划经济体制的残留影响和市场制度建设较为缓慢，中国的民营企业面临着许多障碍，这些障碍根植于政府对经济的操纵。由于银行贷款大部分为国有企业预留，民营企业常常不能获得银行贷款，获得银行贷款的途径成为国企和民企之间的重要差异之一，直到 1997 年，国有银行才被允许向民营企业发放贷款。尽管 1997 年后这一现象有所改善，但是民营企业在政府主导型的金融市场中仍然受到不利对待。所以，大部分民营企业都依赖自主融资或者非正式融资来设立或扩张企业。政府同样也对民营企业实行了严格管制或征收其他灰色费用（Hellman et al.，2003；Guriev，2004），法律体制太弱也不能保障所有权和强制性契约（McMillan and Woodruff，1999；Frye and Zhuravskaia，2000）。国家对民营企业所处政治环境的忽视也使得这些障碍越来越大。与政府的紧密联系可以帮助民营企业克服市场和政府的效率低下并避开观念上的歧视。私有化理论是基于这样一个假设，即政府干预的负面作用比对国有控股企业的影响更大，而不是在私有化过程中负面作用可以被消除（Megginson and Netter，

2001）。私有化的民营企业先天性继承了与政府的关系，例如，具有获得银行贷款的保障，这是私有化的有利方面。但是，私有化的民营企业有时也肩负着改善地方社会福利的责任，例如合并有问题的国有企业等。

假设 1.2：尽管私有化公司有更好的贷款渠道，但这在私有化过程中也会对公司业绩产生负面作用，如被指定合并有问题的国企、安排前国企领导作为现任管理者等，降低了生产率。

利用具有不同因变量的等式（1.1），我们检验了假设 1.2。首先，将贷款总额和从国有银行、股份制银行、城市商业银行的贷款总额作为两个因变量，我们检验了私有化民营企业是否在信贷市场上更易获得贷款。其次，将对已合并的企业和可能合并的国企的调查回复作为自变量，我们检验了私有化民营企业是否与问题国企合并现象有关联。最后，我们检验了私有化民营企业管理者中是否有很多前国企领导和政府官员以及私有化民营企业是否比新设民营企业生产率低。

我们同样检验了私有化民营企业表现更好的方面。通过查阅现有的关于制度对市场支持性作用的资料，我们预期在有制度支持的省份，私有化民营企业会表现得更好。从这一方面看，私有化的效果是以市场发展程度和区域性法规的有效性为支持的。实证资料显示中国不同地方的法规有很大不同（Brandt and Li，2003），这一差异使我们可以检验假设 1.1 背后制度因素的影响。

假设 1.3：假设在制度环境越好的地方私有化民营企业业绩也越好。

为了检验私有化民营企业业绩与制度环境的关系，我们用樊和王（2006）提出的市场指数来衡量不同地区的制度差异，包括三个衡量某一地区整体市场发展程度的指数、对生产者的法律保护程度的指数和一个衡量地区法律保护的有效性的指数。然后，再验证引入了三个制度指数和一个表示该指数与私有化模拟变量关系的系数的等式（1.1）。我们假设制度指数与私有化模拟变量的估计系数为正，即在私有部门和法律体系发展程度更高的地方私有化民营企业业绩更好。

第四节 数据

本研究的企业数据来自对全国范围内民营企业的调查，这一调查是于2006年由中国工商联盟、中国社科院下属的中国民营经济协会和中央统战部联合实施的。样本主要是中等规模的企业和一小部分个人企业，范围涵盖了中国31个省级行政区。到目前为止，这组资料是研究民营企业私有化后业绩表现的最佳资料，包含了3 837个民营企业，占截至2005年底全国民营企业总数的0.089%，并涵盖了所有31个行政区和经济部门（包括党政部门和社会组织）。

为了使样本能够综合代表所有地区和行业，调查采用多层级随机抽样方法。第一步，决定所要调查的民营企业数量。第二步，对于全国31个行政区，每个行政区选取6个县市，包括省会城市、1个地级市、1个县级市和3个县。第三步，每个行政区选取的样本数量取决于该地区民营企业数量占全国民企总数和调查总数的百分比。每个县市选取样本的数量也用此方法确定。最后，确定完每个层级的样本数后，样本企业由随机抽样产生。

调查通过集中面谈询问了关于企业规模、经历、企业基本融资背景和家族背景、企业所有者个人信息和职业经历等问题。研究的特别点在于询问了企业所有者关于企业形成的问题，如企业是否是通过私有化形成的及私有化前的企业类型（国企还是乡镇企业）。3 600 个企业回答了上述问题，其中有 730 个企业由私有化形成。在这 730 个企业中，有 238 个由国企私有化而来，其余的由乡镇企业私有化形成。

调查产生了 2 015 个观察值，对于每一个观察值都有关于所研究变量的相对完整的信息。在此之前的关于中国私有化问题的研究只关注了约 1 000 个上市公司，而我们的样本来自针对全国范围民营企业经过精细设计并实施的调查，根据麦吉森和耐特尔（Megginson and Netter，2001）的研究可知，这样将减少样本选择方式对结果的影响。先前的研究着重于面向大公司，而我们集中于对私有化中所谓"放小"这一部分企业的研究。

对数据的基本分析显示，大部分民营企业都是中等规模的成熟企业。这些企业分属于从农业到技术服务业等不同行业部门。这些企业平均有 172 个员工，虽然从个人企业到拥有 11 500 个员工的大型企业，企业规模会随样本的不同而显著变化，但是相对全国平均规模而言，这些企业算是较大的。

表 1-1 显示了私有化形成的民营企业和新设民营企业在上述私有化模型中的参数，以及对两组企业差异进行 t 检验的结果。如表 1-1 中 A 部分所示，私有化形成的民营企业相对新设民营企业而言拥有更大的资产规模，由于设置董事会而拥有更好的治理，有更独立的董事会和较不集中的私人所有权，有更多获得银行贷款的方式（特别是国有银行贷款），占有较小的市场份额，更重要的是，从 ROS 和 ROA 来看，业绩较差。从 10% 的显著性水平看，所有这些差异都是显著的。私有化形成的民营企业同样在科研经费上投入更多，且此前三年间由于科研投入而产生了更多收入。从 2005 年政府相关费用和住宿费来看，私有化形成的民营企业的灰色费用更高。表 1-1 显示了私有化形成的民营企业和新设民营企业在规模、治理水平、特别是业绩上确实存在差异。

表 1 - 1 　　　　　　　　　　两组 t 测试

面板 A. 私有化形成的民营企业与新设民营企业

variables	Private Startup Mean（SD）（0）	Privatized from SOE/TVE Mean（SD）（1）	Difference Mean（SD）（1）-（0）
ROA	0.19 (0.01)	0.15 (0.01)	-0.04 (0.02)**
ROS	0.10 (0.04)	0.05 (0.04)	-0.05 (0.06)***
loan	4.91 (0.76)	11.95 (2.33)	7.04 (2.45)**
sbcredit	3.11 (0.43)	9.02 (1.81)	5.91 (1.86)***
citybcredit	2.31 (0.25)	1.22 (0.45)	-1.09 (0.52)*
bank	0.48 (0.01)	0.63 (0.02)	0.15 (0.03)***
mergesoe	0.08 (0.01)	0.11 (0.01)	0.03 (0.02)*
logass	5.79 (0.05)	6.73 (0.08)	0.95 (0.09)***
leverage	0.24 (0.01)	0.33 (0.01)	0.09 (0.01)***
age	7.44 (0.12)	6.38 (0.17)	-1.06 (0.21)***
ownage	44.37 (0.20)	47.56 (0.35)	3.18 (0.41)***
share	0.009 (0.001)	0.007 (0.001)	-0.002 (0.001)*
randD	4.29 (0.46)	8.40 (2.14)	4.10 (2.19)*

续表

variables	Private Startup Mean (SD) (0)	Privatized from SOE/TVE Mean (SD) (1)	Difference Mean (SD) (1) - (0)
rdsales	720. 03 (76. 84)	1 628. 67 (318. 33)	908. 65 (327. 47) **
bind	0. 70 (0. 01)	0. 75 (0. 02)	0. 05 (0. 02) *
board	0. 54 (0. 01)	0. 70 (0. 02)	0. 16 (0. 02) ***
family	0. 76 (0. 01)	0. 65 (0. 02)	- 0. 11 (0. 02) ***
burden	0. 05 (0. 01)	0. 12 (0. 01)	0. 07 (0. 02) ***
soemanager	0. 17 (0. 01)	0. 50 (0. 02)	0. 33 (0. 03) ***
govcadre	0. 16 (0. 01)	0. 20 (0. 02)	0. 05 (0. 02) *
observations	1 591	463	- 1 128

面板 B. 国有企业私有化形成的民营企业和新设民营企业

variables	Private Startup Mean (SD) (0)	Privatized from SOE Mean (SD) (1)	Difference Mean (SD) (1) - (0)
ROA	0. 19 (0. 01)	0. 13 (0. 02)	- 0. 05 (0. 02) *
ROS	0. 09 (0. 00)	0. 04 (0. 01)	- 0. 05 (0. 01) ***
loan	4. 73 (0. 70)	12. 22 (3. 52)	7. 49 (3. 59) *
sbcredit	2. 99 (0. 40)	9. 30 (2. 68)	6. 30 (2. 71) *

续表

variables	Private Startup Mean（SD） （0）	Privatized from SOE Mean（SD） （1）	Difference Mean（SD） （1）-（0）
bank	0. 48 （0. 01）	0. 55 （0. 04）	0. 07 （0. 04）*
mergesoe	0. 08 （0. 01）	0. 16 （0. 03）	0. 08 （0. 03）**
logass	5. 77 （0. 04）	6. 81 （0. 14）	1. 04 （0. 15）***
leverage	0. 24 （0. 01）	0. 29 （0. 02）	0. 05 （0. 02）*
age	7. 41 （0. 11）	5. 60 （0. 22）	-1. 81 （0. 24）***
ownage	44. 52 （0. 19）	45. 98 （0. 59）	1. 46 （0. 62）*
share	0. 009 （0. 001）	0. 007 （0. 001）	-0. 002 （0. 001）
randD	4. 14 （0. 43）	9. 01 （4. 80）	4. 86 （4. 82）
rdsales	689. 53 （71. 21）	1 107. 95 （386. 57）	418. 42 （393. 07）
bind	0. 70 （0. 01）	0. 83 （0. 03）	0. 13 （0. 03）***
board	0. 54 （0. 01）	0. 75 （0. 03）	0. 21 （0. 04）***
family	0. 75 （0. 01）	0. 55 （0. 04）	-0. 20 （0. 04）***
salesg1	1. 03 （0. 33）	0. 42 （0. 10）	-0. 61 （0. 35）*

variables	Private Startup Mean (SD) (0)	Privatized from SOE Mean (SD) (1)	Difference Mean (SD) (1) - (0)
burden	0.05 (0.01)	0.12 (0.03)	0.07 (0.03)**
soemanager	0.17 (0.01)	0.54 (0.04)	0.37 (0.04)***
govcadre	0.16 (0.01)	0.26 (0.04)	0.10 (0.04)**
observations	1 740	155	-1 585

面板 C. 乡镇企业私有化形成的民企与新设民营企业

variables	Private Startup Mean (SD) (0)	Privatized from TVE Mean (SD) (1)	Difference Mean (SD) (1) - (0)
ROA	0.19 (0.01)	0.17 (0.02)	-0.02 (0.02)
ROS	0.09 (0.04)	0.06 (0.01)	-0.04 (0.07)***
loan	4.73 (0.40)	12.51 (2.54)	7.78 (2.57)*
sbcredit	2.99 (0.40)	9.40 (2.54)	6.40 (2.57)*
citybcredit	1.19 (0.23)	2.53 (0.58)	1.33 (0.63)*
bank	0.48 (0.01)	0.69 (0.03)	0.21 (0.03)***
logass	5.77 (0.04)	6.76 (0.10)	0.99 (0.11)***

续表

variables	Private Startup Mean（SD） （0）	Privatized from TVE Mean（SD） （1）	Difference Mean（SD） （1）-（0）
leverage	0.24 （0.01）	0.35 （0.02）	0.11 （0.02）***
age	7.41 （0.11）	6.79 （0.23）	-0.63 （0.26）*
ownage	44.52 （0.19）	48.53 （0.45）	4.01 （0.49）***
share	0.009 （0.001）	0.006 （0.001）	-0.003 （0.001）**
randD	4.14 （0.42）	8.38 （2.34）	4.24 （2.38）*
rdsales	689.53 （71.21）	1 981.18 （465.98）	1 291.64 （471.39）**
bind	0.69 （0.01）	0.70 （0.03）	0.01 （0.03）
board	0.54 （0.01）	0.67 （0.03）	0.13 （0.03）***
family	0.76 （0.01）	0.69 （0.03）	-0.07 （0.03）*
salesg1	1.03 （0.33）	0.39 （0.07）	-0.64 （0.34）*
burden	0.05 （0.01）	0.13 （0.02）	0.08 （0.02）***
soemanager	0.17 （0.01）	0.50 （0.03）	0.33 （0.03）***
govcadre	0.16 （0.01）	0.17 （0.02）	0.01 （0.02）
observations	1 740	286	-1 454

面板 D. 国有企业私有化形成的民营企业和乡镇企业私有化形成的民营企业

variables	Privatized from TVE Mean (SD) (0)	Privatized from SOE Mean (SD) (1)	Difference Mean (SD) (1) - (0)
ROA	0. 15 (0. 01)	0. 13 (0. 02)	-0. 02 (0. 03)
ROS	0. 06 (0. 00)	0. 04 (0. 01)	-0. 01 (0. 01)
loan	9. 22 (2. 20)	12. 22 (3. 52)	2. 99 (4. 16)
sbcredit	6. 84 (1. 70)	9. 30 (2. 67)	2. 46 (3. 17)
mergesoe	0. 07 (0. 01)	0. 16 (0. 03)	0. 09 (0. 03)**
logass	6. 37 (0. 09)	6. 81 (0. 14)	0. 44 (0. 17)*
leverage	0. 32 (0. 01)	0. 29 (0. 02)	-0. 03 (0. 03)
age	6. 90 (0. 21)	5. 60 (0. 22)	-1. 29 (0. 30)***
ownage	47. 71 (0. 39)	45. 98 (0. 59)	-1. 73 (0. 71)*
bind	0. 70 (0. 02)	0. 83 (0. 03)	0. 12 (0. 04)**
board	0. 64 (0. 02)	0. 75 (0. 03)	0. 12 (0. 04)**
family	0. 71 (0. 02)	0. 55 (0. 04)	-0. 16 (0. 05)***
soemanager	0. 40 (0. 02)	0. 54 (0. 04)	0. 14 (0. 05)**
govcadre	0. 19 (0. 02)	0. 26 (0. 04)	0. 07 (0. 04)*
observations	431	155	-276

注：*、**、***分别代表在10%、5%、1%水平上显著。

表 1－1 中 B 部分显示了由国有企业私有化形成的民营企业与新设民营企业的两组 t 检验值。除了 R&D 和 Rdsales 不再显著，其他结果与 A 部分结果相似。国有企业私有化形成的民营企业比新设民营企业业绩差，且达到了 10% 显著性水平。

表 1－1 中的 C 部分显示了由乡镇企业私有化形成的民营企业与新设民营企业的两组 t 检验值。由乡镇企业私有化而来的民营企业更易获得银行贷款，特别是国有银行贷款，并且更多的投资于 R&D 并因此在此前三年间获得更多收入，然而其治理水平与新设民营企业并无显著不同。另外，由 1% 的显著性水平看，其业绩仍然显著低于新设民营企业。

表 1－1 中 D 部分显示了由国有企业私有化形成的民营企业和由乡镇企业私有化形成的民营企业的两组 t 检验值。结果显示，由国有企业私有化形成的民营企业比由乡镇企业私有化形成的民营企业拥有更大的资产规模和更好的治理水平，然而业绩差异并不显著。

一、假设中的变量

下面，我们将定义假设 1.3 中涉及的变量。

（1）公司业绩（ROA 和 ROS）。公司业绩用资产回报率（ROA）、收入回报率（ROS）、净收益率来衡量（Johnstone and Bedard，2004；Fan and Wong，2005；Verrecchia and Weber，2006）。这些指标被广泛用于衡量公司业绩。

（2）董事会独立性（bind）。董事会的独立性随着外部董事的增加而增强。在本章中我们利用对以下问题的调查回复来衡量董事会独立性，即董事会中是否存在夫妻、配偶、兄弟姐妹或子女。如果没有上述情况，假设 bind 为 1，否则 bind 等于 0。

（3）所有权集中度（family）。根据弗里德曼等人（1999）的研究，只有当公司由外部人（非管理层或员工）控制时私有化才会"有效"，因为内部人控制的公司不太可能重组。然而，韦斯和尼克丁（Weiss and Niktin，1998）的研究显示，所有权集中度和构成共同影响着私有化公司的表现。就所有对业绩的衡量因素来看，不是投资基金或公司本身而是大股东持有股权的集中程度这一因素与重大进步有关。在本章中，我们假设有一个所有者持有 50% 以上的股权，Family 这一变量的赋值为 1，否则赋值为 0，以此来检验所有权集中度的效果，我们预期这一变量的系数为正且显著。

（4）行业竞争程度（CR4）。对于每一个公司，我们计算了其所在行业的行业集中度（CR4），这一比率等于公司所处行业中前四大公司的销售额占整个行业销售额的比例。CR4 与行业竞争程度成反比（Cohen and Levin，1989；Waring，1996）。

（5）公司规模（logass）。与以往研究相同，我们使用资产总额来衡量公司规模（Johnstone and Bedard，2004；Engel et al.，2006）。在下面的回归中，以均值为限，我们进一步将样本划分成不同的两组来检验规模对私有化企业业绩的影响。

二、控制变量

为了评估公司业绩与企业类型变量之间的横向联系，我们需要控制滞后的公司业绩。另外，我们需要考虑其他可能影响公司表现的因素。我们利用了经济学中已将公司业绩和解释性因素模型化的实证资料（Waring，1996）。根据对私有化与公司业绩早期研究（Claessens and Djankov，1999；Harper，2000）的进一步回顾，我们选取了一组关键性因素。这些控制变量如下所示：

（1）公司成立时间（age）。对于新设民营企业，指从公司注册和开始经营持续至今的时间。对于私有化形成的企业，指从公司私有化为当前结构持续至今的时间。

（2）滞后公司业绩（ROA－1 和 ROS－1）。保险起见且为了控制管理层构成和公司业绩之间可能的内生问题，与以前研究（Klein，1998；Peng，2004）相似，我们也将上一年度公司业绩（ROA－1 和 ROS－1）选为控制变量。由于多元回归允许解释变量之间存在的相关性，这一方法是合适的（Klein，1998）。因为临近时间段上的公司业绩是相关的，我们预期 ROA－1 的系数为正且显著。

（3）公司成长性（salesg－1）。根据资料（Chaney and Philipich，2002），growth 用一年的销售增长率来表示。

（4）杠杆率（leverage）。因为债务融资既有成本也有利益（Flannery and Rangan，2006），一个公司的业绩可能受到它的债务杠杆率的影响。股东可能有动机投资于高风险、高回报的项目而使债权人利益受损。在这种情况下，债权人可能提高债务成本要求更高的利息（Jensen and Neckling，1976）。与此相反，债务融资可能督促管理层信守他们会支付未来现金流的承诺。因此，增加杠杆率可能使得谨慎的管理层减小当前可用于对外支付的现金流（Jensen，1986）。我们预期公司业绩与杠杆率之间成反比。

（5）市场份额（share）。根据以前的研究，我们也选取了share 即公司销售额市场占有率作为控制变量。文献中关于市场份额与公司业绩之间关系的符号及其统计学显著性的结论是都是模糊的（Szymanski et al.，1993）。这也许是因为选取了更具代表性的变量，从而削弱了市场份额与公司业绩之间的联系；也或许是因为占有较高市场份额的公司有可能不能获得额外的谈判利益，因此，为了提高市场份额所做的努力（如市场营销和提高产量）不能得到补偿（Szymanski et al.，1993）。因此，我们不能预测 share 的符号。

（6）自由市场经济指数（fanw）。上一部分介绍过的那三个市场发展的制度指数是从樊和王（2006）的研究中得到的。值得注意的是，中国不同地区市场发展程度各不相同。同样，各地法律体系的有效性也不尽相同。如果我们将这些因素与私有化企业业绩联系起来，这种差异就是显著的。

三、回归模型

克莱恩（Klein，1998）研究中的模型以此前的横向分析为基础，对公司业绩和董事会结构及滞后业绩进行了回归。我们从两个方面改进了这一模型。首先，我们研究了关于公司治理的两个因素，即董事会独立性和股权集中度。其次，我们增加了私有化模拟变量作为一个新的独立变量，这一变量也是研究的重点。回归模型如等式（1.1）所示。这一模型详述了公司业绩（ROA 和 ROS）与私有化模拟变量之间以及两个公司治理变量之间的直接联系（bind and family）。

为了估计制度指数的合理性，模型引入了私有化模拟变量和制度指数的关系项（模拟变量×制度指数）。模型也控制了滞后期业绩（ROA−1）和其他上述讨论过的因素（salesg−1，leverage，share，fanw）。

我们也很关心私有化模拟变量在不同行业部门及不同规模级别间的差异。邹检验（Chow，1960）可用于检查线性模型的关系在子样本中是否仍然稳定。我们对模拟变量回归进行了邹检验（Gujiarati，1988）。也就是说，我们创建了一个模拟变量 C，当公司的 CR4 数值高于样本平均值时，即当为弱竞争行业时，C=1；

当公司的 CR4 值低于样本均值，即当为强竞争行业时，C = 0。然后，我们对不同竞争程度下子样本的回归模型进行了估计。我们预期私有化公司竞争性应该较弱，因此，在竞争性高的行业里其将有显著较差的业绩。

李泽尔等（Lizal et al.，2000）研究了捷克斯洛伐克国有企业拆分对业绩的影响，认为小公司或中等规模公司对效率和盈利性有很直接的正效应，而大公司对其具有负效应。也就是说，规模对私有化公司有影响。我们创建了另一个模拟变量 A：当公司资产大于样本平均值时，A = 1；当公司资产小于样本平均值时，A = 0。然后，我们对不同规模下的子样本回归模型进行了估计。我们预期私有化的公司应该具有显著较差的业绩，特别是在大公司组中。

第五节　结　论

一、汇总数据

表 1 - 2 概括了全样本下关键性变量的描述性数据。表 1 - 3 显示了皮尔逊（Pearson）相关性。因为我们关注的是私有化变量和公司治理变量与许多控制变量存在怎样的相关性，仅仅依靠单变量分析得出结论是很困难的，所以我们需要进行一个多元回归。

表 1 - 2　　　　　　　　描述统计

Variable	Obs	Mean	Std. Dev.	Min	Max
ROA	2 177	0.18	0.31	− 0.17	2
ROS	2 165	0.09	0.15	− 0.24	0.9

续表

Variable	Obs	Mean	Std. Dev.	Min	Max
edu	2 172	3. 55	1. 05	1	6
ownage	2 173	45. 15	8. 10	22	80
soemanager	2 181	0. 24	0. 43	0	1
govcadre	2 181	0. 17	0. 38	0	1
asset	2 177	2 062. 45	8 478. 39	1	242 089
leverage	2 177	0. 26	0. 27	0	1. 17
age	2 139	7. 21	4. 42	1	21
bind	2 181	0. 71	0. 46	0	1
family	2 181	0. 73	0. 44	0	1
salesg - 1	1 883	0. 90	11. 37	- 1	356. 14
share	2 053	0. 01	0. 03	0	0. 57

表 1 – 3 相关系数

Correlation	bind	family	age	ROA - 1	ROS - 1	salesg - 1	leverage	share	fanw
bind	1								
family	0. 004	1							
age	- 0. 1591*	0. 0997*	1						
ROA - 1	0. 0082	0. 0188	0. 0036	1					
ROS - 1	0. 0339	- 0. 0138	- 0. 028	0. 1567*	1				
salesg - 1	0. 0256	- 0. 0198	- 0. 0531	- 0. 018	0. 5992*	1			
leverage	- 0. 0920*	- 0. 03	0. 045	- 0. 1436*	- 0. 058	- 0. 0075	1		
share	0. 0115	- 0. 0123	- 0. 005	0. 0076	0. 0118	- 0. 0076	- 0. 0698	1	
fanw	0. 0185	0. 0336	0. 0678	0. 0521	- 0. 0675	- 0. 0539	0. 0778*	- 0. 039	1

注: 表示 1% 显著性水平。

在表 1 – 3 中我们注意到, 正如所预期的, 控制变量 ROS – 1 与 salesg – 1 高度相关, 公司年龄与管理层独立性也相关。需要注意的是, 在回归模型中, 解释变量之间的相关性并不高, 除了

ROS－1 与 salegs－1 外，相关性的最大绝对值为 0.159。因此，不可能存在多重共线性问题。

二、全样本分析结果

我们将公司分为三类：一类是由国有企业私有化形成的民营企业；一类是由乡镇企业私有化形成的民营企业；还有一类是新设民营企业。前两类是私有化形成的民营企业组。我们将样本划分为私有化形成的民营企业与新设民营企业、国有企业私有化形成的民营企业与新设民营企业、乡镇企业私有化形成的民营企业与新设民营企业、国有企业私有化形成的民营企业与乡镇企业私有化形成的民营企业四大组，对每组进行全样本回归，以此来比较业绩的差异。

1. 私有化形成的民营企业与新设民营企业的比较

表 1－4 显示了对等式 (1.1) 的估计，可见全样本下 ROA 和 ROS 与 9 个解释变量之间的关系。私有化模拟变量的系数都达到 10% 的显著性水平，这证明了私有化模拟变量与公司业绩负相关，也就是说，私有化形成的民营企业与新设民营企业相比，ROA 低了 2.7%，ROS 低了 1.3%。

（1）大公司 VS 小公司。

正如私有化政策规定要 "抓大放小"，拥有较多数量小企业的地区更可能出现私有化。为了控制这一影响，我们将样本划分为大公司和小公司来检验业绩差异。

表 1－4 显示了划分大小公司后，全样本下 ROA 和 ROS 与 9 个解释性变量的关系。我们把资产规模大于全样本平均值的称为大公司，反之称为小公司。只有在大公司下私有化模拟变量的

表 1 - 4　OLS 回归考察私有化对私有化形成的民营企业与新设民营企业绩效和银行贷款的影响

	ROA			ROS			Bank loan	
	Full	Large	More Competitive	Full	Large	More Competitive	Sbcredit	Bank
Pridummy	-0.027 (2.24)*	-0.021 (2.11)*	-0.025 (1.85)*	-0.013 (2.32)*	-0.013 (1.92)*	-0.013 (2.44)**	3.559 (2.72)**	0.573 (3.58)***
bind	0.015 (1.39)	-0.002 (0.27)	0.007 (0.54)	0.012 (2.55)*	0.002 (0.36)	0.007 (1.54)	-1.190 (1.02)	-0.295 (2.13)*
family	-0.006 (0.54)	0.012 (1.27)	0.021 (0.58)	0.016 (3.07)**	0.024 (3.61)***	0.013 (2.47)*	0.462 (0.38)	0.009 (0.06)
age	-0.003 (2.90)**	-0.002 (1.85)*	-0.003 (2.20)*	-0.001 (2.30)*	-0.002 (3.26)***	-0.001 (2.20)*	0.274 (2.12)*	0.084 (5.57)***
ROA - 1 (ROS - 1)	0.630 (47.52)***	0.817 (36.83)***	0.576 (38.53)***	0.551 (38.45)***	0.467 (23.39)***	0.538 (28.92)***	-0.191 (0.06)	1.139 (2.72)**
salesg	-0.000015 (0.03)	-0.000007 (0.02)	-0.000005 (0.01)	-0.0157 (32.89)***	-0.0135 (21.77)***	-0.0154 (27.12)***	-0.0020 (0.02)	0.0150 (0.38)
leverage	-0.086 (4.54)***	-0.004 (0.22)	-0.079 (3.62)***	-0.021 (2.36)*	-0.033 (2.89)**	-0.020 (2.28)*	16.966 (8.38)***	6.691 (18.98)***
share	-0.046 (0.22)	0.175 (1.04)	8.029 (1.15)	-0.023 (0.24)	0.152 (1.28)	-11.570 (4.13)***	7.061 (0.31)	-4.128 (1.09)
fanw	0.002 (0.78)	-0.001 (0.34)	-0.003 (0.10)	-0.004 (3.37)***	-0.005 (2.57)**	-0.001 (1.35)	0.228 (0.750)	-0.126 (3.58)***
Observations	1 645	883	1 119	1 645	883	1 119	1 645	1 645
Ajusted R^2	0.5943	0.6115	0.5865	0.497	0.4201	0.4618	0.0614	0.3162

注: *、**、*** 分别代表在10%、5%、1% 水平上显著。

相关系数才能都达到 10% 的显著性水平，这证明了私有化相关变量与公司业绩是负相关的，也就是说，规模较大的私有化形成的民营企业的 ROA 比规模较大的新设民营企业低 2.1%，ROS 低 1.3%。小企业中不同类型企业业绩差异不大。

（2）强竞争性行业 VS 弱竞争性行业。

表 1-4 显示了用 CR4 划分行业竞争性后，全样本下 ROA 和 ROS 与 9 个解释性变量的关系。只有在强竞争性行业的公司中，私有化模拟变量的系数才都达到了 10% 的显著性水平，这证明了竞争性行业中私有化模拟变量与公司业绩之间呈负相关，也就是说，竞争性行业的私有化形成的民营企业比该环境下的新设民营企业的 ROA 低 2.5%，ROS 低 1.3%。弱竞争性行业中，不同类型企业业绩差异不明显。

（3）贷款方式。

表 1-4 显示了私有化形成的民营企业更容易获得银行贷款，特别是获得国有银行贷款。这是因为私有化形成的民营企业继承了前国企和乡镇企业的贷款优势。在国有银行贷款方面私有化模拟变量的显著性水平达 5%；在银行贷款可能性上，私有化模拟变量的显著性水平达 1%。

（4）制度的改善。

一个国家法律体系的结构和运行将对私有化的作用产生影响。私有化是公司治理结构的重大变更。因此，法律体系能否较好地保障商业运作可能是私有化能否成功的决定因素之一。萨克斯等人（Sachs et al., 2000）研究了私有化、机制改革和宏观经济运行情况之间的关系。他们发现私有化的效益来自所有权变更和其他改革的结合。其他改革包括解决激励机制和合同签订机制、硬化预算约束、消除进入壁垒、建立有效的法律和监管框架等。

表 1 - 5 显示了在不同市场发展状况和法律有效性状况下相似的企业业绩回归分析。回归分析使用了三个不同的制度指标，即 fawn、legalall 和 legalpro。fawn 衡量一个省的宏观市场制度状况；legalall 衡量整个地区的法律体系的有效性；legalprt 衡量一个省对生产者合法权益的保护水平。

表 1 - 5　　　　　不同市场化水平与法制水平对私有化形成的
民营企业和新设民营企业影响的 OLS 回归

	1	2	3
pridummy	-0.065 (2.37)*	-0.042 (2.85)**	-0.042 (2.53)*
bind	0.013 (2.53)*	0.013 (2.52)*	0.013 (2.60)**
family	0.016 (3.07)**	0.016 (3.03)**	0.016 (3.11)**
age	-0.001 (2.35)*	-0.001 (2.31)*	-0.001 (2.23)*
ROS - 1	0.549 (38.33)***	0.550 (38.38)***	0.549 (38.20)***
salesg	-0.016 (32.83)***	-0.016 (32.79)***	-0.016 (32.68)***
leverage	-0.021 (2.38)*	-0.022 (2.56)*	-0.021 (2.43)*
share	-0.020 (0.20)	-0.016 (0.17)	-0.027 (0.28)
fanw	-0.006 (3.88)***		

续表

	1	2	3
pridummy * fanw	0.006 (1.93)*		
legalall		-0.003 (3.80)***	
pridummy * legalall		0.004 (2.09)*	
legalprot			-0.005 (4.09)***
pridummy * legalprot		0.005 (1.92)*	
Observations	1645	1645	1645
Ajusted R²	0.4978	0.4977	0.4983
Adjusted R square			

注: *、**、*** 分别代表在10%、5%、1%水平上显著。

这三个回归分析中使用的因变量为销售回报率（ROS）时，分析结果证明了私有化形成的民营企业比新设民营企业业绩表现差。当使用的资本回报率（ROA）作为因变量时，并没有一致的结论，在此不做解释。

2. 国有企业私有化形成的民营企业与新设民营企业的比较

表 1-6 显示了全样本的销售回报率与 9 个描述性变量之间的关系，这是对模型（1.1）的估计。不管民营企业是否是由国有企业转变而来，民营企业虚拟变量系数的显著水平均为 10%。这一结果证明了国有企业的虚拟变量和公司业绩表现之间直接负相关。国有企业私有化形成的民营企业比新设民营企业的销售回报率

（ROS）低2.1%。

表1-6 　　OLS 私有化对私有化形成的民营企业与

新设民营企业业绩和银行贷款的影响

	ROA	ROS		Bank loan		
	More	Full	More	Loan	Sbcredit	Bank
soe	-0.049 (2.28)*	-0.021 (1.92)*	-0.026 (2.30)*	7.280 (2.27)*	6.181 (3.31)***	0.427 (1.68)*
bind	0.005 (0.36)	0.018 (2.78)**	0.013 (1.86)*	1.318 (0.70)	0.327 (0.30)	-0.098 (0.68)
family	0.019 (1.35)	0.023 (3.41)***	0.014 (1.99)*	2.299 (1.15)	1.444 (1.24)	0.041 (0.26)
age	-0.003 (2.71)**	-0.001 (1.79)*	-0.001 (1.39)	0.374 (1.83)*	0.237 (1.99)*	0.077 (4.96)***
ROA-1 (ROS-1)	0.623 (36.79)***	0.256 (20.92)***	0.133 (10.85)***	-1.624 (0.46)	-2.173 (1.06)	0.944 (2.13)
salesg	-0.0001 (0.52)	-0.004 (14.10)***	-0.0020 (7.86)***	0.000 (0.00)	-0.017 (0.33)	-0.015 (0.44)
leverage	-0.079 (3.44)***	-0.0440 (3.94)***	-0.035 (2.92)**	22.919 (6.94)***	13.976 (7.25)***	6.416 (17.53)***
share	6.588 (0.94)	-0.017 (0.15)	-15.650 (4.20)***	9.517 (0.25)	10.888 (0.50)	-2.711 (0.80)
fanw	0.000 (0.06)	-0.006 (3.78)***	-0.003 (1.69)*	-0.194 (0.41)	-0.093 (0.34)	-0.133 (4.33)***
Observations	1 010	1 518	1 010	1 474	1 474	1 474
Ajusted R^2	0.5894	0.2535	0.151	0.1003	0.1486	0.3099

注：*、**、***分别代表在10%、5%、1%水平上显著。

（1）高度竞争性行业与竞争性较弱行业的比较。

用 CR4 标准可以将全体样本分为高度竞争性行业和竞争性较弱行业。从表6-1 中可以看出资产回报率和销售回报率与

9 个描述性变量之间的关系。只有在高度竞争行业中，国有企业私有化形成的民营企业的虚拟变量系数的显著性水平为 10%。这一结果表明，在高度竞争性行业中，国有企业私有化形成的民营企业的虚拟变量和企业业绩表现直接负相关。即在高度竞争性行业中，国有企业私有化形成的民营企业比新设民营企业的资产回报率低 4.9%，销售回报率低 2.6%。竞争较弱行业中国有企业私有化形成的民营企业和新设民营企业之间在公司业绩表现上差别不大。

（2）银行贷款的可获得性。

从表 1-6 可以看出，国有企业私有化形成的民营企业更容易得到银行的贷款尤其是国有银行的贷款。这是由继承原国有企业与国有银行的关联形成的先天优势。国有企业私有化形成的民营企业的虚拟变量与总的未偿还贷款、国有银行贷款、可能的银行贷款额之间的显著性水平分别为 10%、1% 和 10%。

3. 乡镇企业私有化形成的民营企业与新设民营企业的比较

表 1-7 显示了全体样本的资产回报率和销售回报率与 9 个描述性变量之间的关系，这是对模型（1.1）的估计。不论民营企业是否是由乡镇企业改制形成，民营企业的虚拟变量系数的显著性水平均为 10%。这一结果表明了民营企业的虚拟变量和企业业绩表现之间直接负相关。乡镇企业私有化形成的民营企业比新设民营企业的资产回报率低 2.9%，销售回报率低 1.7%。

（1）大公司与小公司的比较。

以全体样本资产平均值为标准将全体样本分为大公司和小公司，平均值以上的为大公司，平均值以下的为小公司。此时的资产收益率与销售回报率与 9 个描述性变量之间的关系可以从表 1-7 中看出。在以资产收益率为因变量的回归分析中，只有属于大公司的乡镇企业私有化形成的民营企业的虚拟变量系数的显著性水平为10%。而在以销售回报率为因变量的回归分析中，大小公司的显著性水平均为10%。这一结果表明，乡镇企业私有化形成的民营企业的虚拟变量和企业业绩表现独立于公司规模，呈负相关。

表1-7 OLS私有化对乡镇企业私有化形成的民营企业
与新设民营企业业绩和银行贷款的影响

	ROA		ROS			Bank loan
	Full	Large	Full	Large	More	Bank
tve	-0.029 (1.91)*	-0.021 (1.82)*	-0.017 (1.95)*	-0.020 (1.97)*	-0.015 (1.84)*	0.616 (3.07)**
bind	0.021 (0.90)	-0.001 (0.14)	0.016 (2.52)*	0.004 (0.47)	0.012 (1.95)*	-0.071 (0.51)
family	0.003 (0.27)	0.014 (1.33)	0.022 (3.32)***	0.031 (3.59)***	0.016 (2.44)*	0.121 (0.80)
age	-0.003 (2.85)**	-0.002 (1.81)*	-0.001 (1.49)	-0.002 (2.68)**	-0.001 (1.43)	0.078 (5.19)***
ROA-1 (ROS-1)	0.649 (46.11)***	0.811 (35.19)***	0.259 (21.52)***	0.140 (10.57)***	0.137 (11.41)***	0.836 (2.01)*
salesg	0.000 (0.54)	0.000 (0.31)	-0.0040 (14.23)***	-0.0020 (8.01)***	-0.0020 (8.23)***	-0.0110 (0.39)
leverage	-0.084 (4.25)***	0.007 (0.42)	-0.035 (3.17)**	-0.053 (3.61)***	-0.037 (3.34)***	6.357 (18.01)***
share	-0.032 (0.14)	0.185 (1.07)	0.028 (0.22)	0.152 (1.04)	-16.010 (4.27)***	-2.692 (0.80)
fanw	0.002 (0.79)	-0.001 (0.41)	-0.006 (3.44)***	-0.006 (2.71)**	-0.003 (1.66)*	-0.131 (3.64)***
Observations	1 581	836	1 581	836	1 096	1 581
Ajusted R^2	0.5887	0.6007	0.2535	0.1617	0.1528	0.3182

注：*、**、***分别代表在10%、5%、1%水平上显著。

（2）银行贷款的可获得性。

从表 1-7 可以看出，乡镇企业私有化形成的民营企业更容易得到银行的贷款。这是由继承原乡镇企业与国有银行的关联而形成的先天优势。乡镇企业私有化形成的民营企业的虚拟变量与可能的银行贷款额之间的显著水平为 5%。

4. 国有企业私有化形成的民营企业与乡镇企业私有化形成的民营企业的比较

（1）高度竞争行业与竞争性较弱行业的比较。

用 CR4 标准可以将全体样本分为高度竞争性行业和竞争性较弱行业。从表 1-8 中可以看出资产回报率、资产收益率（ROA）和 9 个描述性变量之间的关系。只有在非高度竞争性行业中，乡镇企业私有化形成的民营企业的虚拟变量系数的显著性水平为 10%。即只有在竞争度较低的行业中，国有企业私有化形成的民营企业比乡镇企业私有化形成的民营企业业绩表现更好。

表 1-8　　　　OLS 私有化对国有企业私有化形成的民营企业
与新设民营企业业绩和银行贷款的影响

	ROA	Bank loan		
	Less	Loan	Sbcredit	Sharebcredit
soe	0.064 (2.02)*	7.766 (2.28)*	6.130 (2.12)*	0.906 (2.10)*
bind	0.064 (1.88)*	-0.929 (0.28)	-2.777 (0.98)	0.346 (0.82)
family	0.024 (0.83)	0.698 (0.22)	0.590 (0.22)	0.234 (0.59)
age	0.002 (0.58)	-0.164 (0.42)	-0.178 (0.54)	-0.011 (0.23)

续表

| | ROA | Bank loan | | |
	Less	Loan	Sbcredit	Sharebcredit
ROA - 1 (ROS - 1)	1. 055 (19. 39)***	1. 955 (0. 21)	2. 168 (0. 27)	0. 168 (0. 14)
salesg	0. 016 (1. 68)*	0. 021 (0. 23)	0. 020 (0. 26)	0. 001 (0. 10)
leverage	-0. 064 (1. 26)	32. 580 (6. 16)***	24. 210 (5. 40)***	2. 094 (3. 13)***
share	0. 009 (0. 02)	53. 950 (0. 67)	47. 590 (0. 70)	-2. 350 (0. 23)
fanw	0. 004 (0. 56)	1. 122 (1. 30)	1. 226 (3. 73)***	0. 035 (0. 32)
observations	141	463	463	463
ajusted R^2	0. 7627	0. 1278	0. 0989	0. 0247

注：*、***分别代表在10%、1%水平上显著。

（2）银行贷款的可获得性。

从表1-8可以看出，国有企业私有化形成的民营企业更容易获得来自国有银行和股份制银行的贷款。这是由继承原国有企业与银行的关联而形成的先天优势。国有企业私有化形成的民营企业的虚拟变量与未偿还贷款总额、国有银行贷款、股份制银行贷款之间在10%的水平上显著相关。

三、配比样本结果

正如麦吉森和耐特尔（2001）所述，样本公司应该根据公司的此前业绩表现进行比较。这一要求对于转型经济中私有化形

成的民营企业尤其困难。我们的样本中拥有过去业绩表现数据的
企业数量很少，但至少可以在同一地区，对由资产总额确定的相
似规模的私有化形成的民营企业和新设民营企业进行比较。

1. 私有化形成的民营企业和新设民营企业的比较

表 1-9 显示了配比样本的销售回报率与 9 个描述性变量之间
的关系，这是对模型（1.1）的估计。私有化虚拟变量系数的显著
水平为 10%。这一结果证明了私有化虚拟变量和公司业绩表现之
间呈直接负相关。即在全样本回归的配比样本中，私有化形成的
民营企业比新设民营企业的销售回报率（ROS）低 1.7%。

表 1-9　　　　地区和规模配对样本考察私有化对私有化形成的
　　　　　　　　民营企业与新设民营企业业绩和银行贷款的影响

	ROA		ROS		bank loan
	large	match	large	more	bank
pridummy	-0.024 (2.29)*	-0.017 (2.33)*	-0.013 (1.70)*	-0.024 (3.66)***	0.376 (1.75)*
bind	0.001 (0.12)	0.002 (0.25)	-0.006 (0.82)	0.013 (1.79)*	-0.464 (2.00)*
family	0.008 (0.77)	0.009 (1.07)	0.013 (1.65)**	0.004 (0.61)	-0.054 (0.24)
age	-0.001 (1.05)	-0.001 (1.21)	-0.001 (1.07)	-0.001 (0.99)	0.080 (3.09)**
ROA-1 (ROS-1)	0.720 (30.11)***	0.372 (17.49)***	0.250 (12.09)***	0.340 (13.55)***	1.335 (1.78)*
salesg	-0.000054 (0.20)	-0.0107 (16.36)***	-0.0072 (11.55)***	-0.0099 (13.27)***	0.0630 (1.08)

	ROA		ROS		bank loan
	large	match	large	more	bank
leverage	0.020 (1.03)	-0.024 (1.76)*	-0.037 (2.74)**	-0.011 (0.93)	5.967 (11.04)***
share	0.042 (0.10)	0.345 (1.04)	0.595 (1.92)*	-15.430 (4.09)***	3.409 (0.38)
observations	377	597	377	434	597
ajusted R²	0.7129	0.497	0.3115	0.34	0.2828

注：* 、** 、*** 分别代表在 10% 、5% 、1% 水平上显著。

（1）大公司和小公司的比较。

以全样本资产平均值为标准将全体样本分为大公司和小公司，平均值以上的为大公司，平均值以下的为小公司。从表 1 - 9 中可以看出配比样本的资产收益率、销售回报率与 9 个描述性变量之间的关系。在资产收益率和销售回报率的回归分析中，只有大公司的私有化虚拟变量系数的显著性水平为 10% 。这一结果表明，在地区和规模相配比的样本中，私有化虚拟变量和公司业绩表现之间呈直接负相关。

（2）高度竞争性行业与较弱竞争性行业的比较。

用 CR4 标准将配比样本分为高度竞争性行业和较弱竞争性行业。从表 1 - 9 中可以看出销售回报率（ROS）、资产收益率（ROA）和 9 个描述性变量之间的关系。只有在高度竞争性行业中，企业私有化虚拟变量系数的显著性水平为 10% 。结果表明，在高度竞争性行业中，私有化形成的民营企业比新设民营企业的业绩表现差。在竞争性较弱的行业，全样本回归分析中配比样本的私有化形成的民营企业和新设民营企业在业绩表现方面差别不显著。

（3）银行贷款的可获得性。

从表1-9可以看出，基于原有的关联形成的先天优势，私有化形成的民营企业更容易获得银行贷款。全样本回归的配比样本的私有化虚拟变量与获得贷款的可能性在10%的水平上显著相关。

2. 国有企业私有化形成的民营企业与新设民营企业的比较

表1-10显示了配比样本的销售回报率与9个描述性变量之间的关系，这是对模型（1.1）的估计。国有企业私有化形成的民营企业的虚拟变量系数的显著性水平为10%。这一结果证明了国有企业私有化形成的民营企业的虚拟变量和公司业绩表现之间呈直接负相关。配比样本中国有企业私有化形成的民营企业比新设民营企业的销售回报率（ROS）低1.8%。

表1-10　地区和规模配对样本考察私有化对国有企业私有化的形成民营企业与新设民营企业业绩和银行贷款的影响

	ROA		ROS	bank loan
	more	match	more	sbcredit
soe	-0.056 (1.92)*	-0.018 (1.66)*	-0.022	3.420 (2.34)***
bind	0.016 (0.64)	0.011 (1.13)	0.016 (1.41)	-2.634 (2.00)*
family	-0.027 (1.02)	0.007 (0.68)	-0.008 (0.69)	0.699 (0.53)
age	-0.005 (1.72)*	-0.002 (1.50)	0.000 (0.19)	0.463 (3.17)***
ROA-1 (ROS-1)	0.516 (19.41)***	0.372 (14.92)***	0.230 (7.86)***	0.417 (0.13)

续表

	ROA	ROS		bank loan
	more	match	more	sbcredit
salesg	− 0. 0003 (0. 74)	− 0. 0108 (14. 19) ***	− 0. 0067 (7. 72) ***	− 0. 0170 (0. 18)
leverage	− 0. 047 (0. 95)	− 0. 041 (2. 42) *	− 0. 001 (0. 03)	15. 974 (6. 97) ***
share	35. 480 (0. 72)	0. 472 (1. 19)	− 67. 160 (3. 16) **	65. 600 (1. 23)
observations	194	418	194	417
ajusted R^2	0. 6810	0. 3622	0. 2804	0. 146

注：* 、** 、*** 分别代表在 10% 、5% 、1% 水平上显著。

（1）高度竞争性行业与较弱竞争性行业的比较。

用 CR4 标准将配比样本分为高度竞争性行业和较弱竞争性行业。从表 1 – 10 中可以看出销售回报率（ROS）、资产收益率（ROA）和 9 个描述性变量之间的关系。只有在高度竞争性行业中，国有企业私有化形成的民营企业的虚拟变量系数的显著性水平为 10%。结果表明，在高度竞争性行业中，私有化形成的民营企业比新设民营企业的业绩表现差。在竞争性较弱的行业，全样本回归中配比样本的私有化形成的民营企业和新设民营企业在业绩表现方面差别不显著。

（2）银行贷款的可获得性。

从表 1 – 10 可以看出，基于原有关联形成的先天优势，私有化的国有企业更容易获得国有银行的贷款。全样本回归分析中，配比样本的国有企业私有化形成的民营企业的虚拟变量和国有银行的贷款额在 1% 的水平上显著相关。

3. 乡镇企业私有化形成的民营企业和新设民营企业的比较

表 1 - 11 显示了配比样本的销售回报率与 9 个描述性变量之间的关系，这是对模型（1.1）的估计。乡镇企业私有化形成的民营企业的虚拟变量系数的显著性水平是 10%。这一结果证明了乡镇企业虚拟变量和公司业绩表现之间呈直接负相关。在全样本回归分析中，配比样本的乡镇企业私有化形成的民营企业比新设民营企业的销售回报率（ROS）低 2.2%。

表 1 - 11　　　　地区和规模配对样本考察私有化对业绩和
银行贷款的影响——乡镇企业私有化形成的民营企业、
新设民营企业与国有企业私有化形成的民营企业比较

	ROS		
	match	more	soe
tve（soe）	-0.022 (2.45)*	-0.017 (2.05)**	0.014 (2.09)*
bind	0.004 (0.41)	0.012 (1.32)	-0.001 (0.15)
family	0.007 (0.69)	-0.002 (0.23)	0.008 (1.14)
age	-0.001 (1.10)	-0.001 (0.66)	0.000 (0.48)
ROS1	0.365 (15.87)***	0.253 (8.97)***	0.818 (21.28)***
salesg	-0.0106 (14.92)***	-0.0074 (8.80)***	-0.0011 (0.28)
leverage	-0.017 (1.03)	-0.003 (0.20)	-0.001 (0.11)
share	0.141 (0.36)	-58.750 (3.17)***	0.116 (0.40)
observations	498	273	300
ajusted R^2	0.3436	0.2683	0.6056

注：*、**、*** 分别代表在 10%、5%、1% 水平上显著。

高度竞争性行业与较弱竞争性行业的比较：

用 CR4 标准将配比样本分为高度竞争性行业和较弱竞争性行业。从表 1 - 11 中可以看出销售回报率（ROS）和 9 个描述性变量之间的关系。只有在高度竞争性行业中，原乡镇企业虚拟变量系数的显著性水平为 5%。结果表明，在高度竞争性行业中，乡镇企业私有化形成的民营企业比新设民营企业的业绩表现差。在竞争性较弱的行业，全样本回归分析中配比样本的乡镇企业私有化形成的民营企业和新设民营企业在业绩表现方面差别不显著。

4. 国有企业私有化形成的民营企业和乡镇企业私有化形成的民营企业的比较

表 1 - 11 的最后一栏显示了配比样本的销售回报率和 9 个描述性变量的关系，这是对模型（1.1）的估计。国有企业私有化形成的民营企业的虚拟变量系数的显著性水平是 10%，这表明国有企业私有化形成的民营企业虚拟变量和企业业绩表现之间呈直接正相关，国有企业私有化形成的民营企业比乡镇企业私有化形成的民营企业的销售回报率高 1.4%。

四、结果的稳健性

从以上分析可以看出，私有化形成的民营企业比新设民营企业的业绩表现差这一结论是稳健的，它不仅适用于全样本、地区和规模的配比样本回归，而且在大公司和小公司、高度竞争性行业和较弱竞争性行业的子样本中也成立。

对于上述结论的担忧是这一结论可能受行业影响，即新设民营企业可能集中在新兴的高科技和高成长性行业。为解决这一担忧，我们仅检验了制造业企业来剔除行业影响。选择制造业是因为制造业企业数量占到总样本数量的 37.84%。在 926 家制造业企业中，有 251 家是通过私有化形成的。更重要的原因是，大约 40% 的中国民营企业是制造业企业。

表 1 –12 　　制造行业考察私有化对私有化形成的民营企业
与新设民营企业业绩和银行贷款的影响

	ROA		ROS	
	（1）	（2）	（3）	（4）
Dummy	−0.040	−0.066	−0.038	−0.013
	(2.66)**	(2.44)*	(2.20)*	(2.14)*
edu	0.002	0.005	0.000	0.004
	(0.28)	(0.73)	(0.01)	(1.48)
bind	0.015	0.014	0.020	0.007
	(1.08)	(0.89)	(1.37)	(1.17)
family	0.012	0.011	0.022	0.009
	(0.78)	(0.64)	(1.36)	(1.51)
age	−0.004	−0.005	−0.004	−0.001
	(2.52)*	(2.78)**	(2.74)**	(1.51)
ROA−1 （ROS−1）	0.528	0.573	0.537	0.448
	(33.18)***	(29.14)***	(32.97)***	(21.48)***
salesg	0.000	0.000	0.000	−0.013
	(0.44)	(0.39)	(0.35)	(20.32)***
leverage	−0.065	−0.077	−0.069	−0.016
	(2.54)*	(2.67)**	(2.61)**	(1.53)
share	67.792	69.988	73.019	−24.240
	(2.32)*	(2.20)*	(2.39)*	(1.99)*
fanw	−0.001	0.002	0.001	−0.002
	(0.13)	(0.43)	(0.24)	(0.97)
Observations	798	691	788	798
Adjusted R^2	0.5942	0.5666	0.5962	0.4092

注：*、**、***分别代表在 10%、5%、1% 水平上显著。

从表1-12的结果可以看出，私有化形成的民营企业的资产收益率和销售回报率显著低于新设民营企业，如第（1）列和第（4）列所示。私有化形成的民营企业的资产收益率平均低4%，销售回报率平均低1.3%。国有企业私有化形成的民营企业的资产收益率显著低于新设民营企业，如第（2）列所示。乡镇企业私有化形成的民营企业的资产收益率显著低于新设民营企业，如第（3）列所示。这一结论同全样本回归和地区与规模配比的样本回归的基础结论是一致的。

我们又对成立时间少于5年（平均成立时间为3.3年）的企业和少于3年（平均成立时间为2.2年）的企业进行了同样的检验。目的是澄清关于全样本都是更加成熟的新设公司的担忧。这些新设企业的平均成立时间为6年。从表1-13可以看出，第（1）列和第（3）列比较了不超过5年历史的私有化形成的民营企业和新设民营企业的回归分析。第（2）列比较了成立不超过5年的国有企业私有化形成的民营企业和新设民营企业之间的业绩表现。第（4）列比较了成立不超过5年的乡镇企业私有化形成的民营企业和新设民营企业。第（5）列比较了成立不超过3年的私有化形成的民营企业和新设民营企业。结果同私有化形成的企业业绩表现差这一结论是一致的。

表1-13 考察私有化对业绩的影响——不超过5年的私有化形成的民营企业与新设民营企业比较

	ROA		ROS		
	(1)	(2)	(3)	(4)	(5)
Dummy	-0.058	-0.052	-0.022	-0.030	-0.037
	(3.12)**	(2.18)*	(2.40)*	(1.86)*	(2.12)*
edu	0.025	0.022	0.001	-0.003	0.014
	(3.09)**	(2.50)*	(0.30)	(0.58)	(1.88)*

续表

	ROA		ROS		
	（1）	（2）	（3）	（4）	（5）
bind	-0.004 (0.22)	0.003 (0.15)	0.022 (2.50)*	0.032 (2.71)**	0.040 (2.35)*
family	-0.018 (0.99)	-0.010 (0.52)	0.012 (1.42)	0.018 (1.56)	0.022 (1.35)
age	-0.014 (1.88)*	-0.015 (1.85)*	-0.004 (1.17)	-0.004 (0.93)	0.017 (1.13)
ROA1（ROS1）	0.694 (28.69)***	0.703 (28.22)***	0.410 (20.74)***	0.140 (9.86)***	0.371 (11.54)***
salesg	0.000 (0.22)	0.000 (0.30)	-0.012 (19.12)***	-0.002 (7.50)***	-0.011 (11.09)***
leverage	-0.083 (2.74)**	-0.074 (2.28)*	-0.021 (1.45)	-0.061 (3.16)**	-0.033 (1.19)
share	-0.524 (1.35)	-0.484 (1.21)	-0.036 (0.19)	-0.101 (0.42)	1.324 (2.00)*
fanw	0.011 (2.30)*	0.010 (2.07)*	-0.004 (1.93)*	-0.006 (2.06)*	0.001 (0.27)
Observations	601	566	601	542	244
Adjusted R^2	0.6006	0.6008	0.444	0.1811	0.4221

注：*、**、*** 分别代表在 10%、5%、1% 水平上显著。

五、私有化前后业绩表现的其他结果

很多在发达经济和转型经济中进行的实证研究证明了私有化的有用性（Frydman et al.，1999）。被私有化的企业几乎都变得更有效率、收益更高、财务更稳健，并能吸引更多的资本投资。

由于这项研究的数据包含了 2000～2005 年年末的销售回报率信息以及私有化年份的信息，因此，我们可以使用最易获得的数据对私有化前后的销售回报率做一个简单的检验。我们最终选择了在 2001～2004 年进行私有化的 26 家公司。实际上，私有化形成的民营企业在私有化后用销售回报率衡量的业绩表现降低了。这一对立的结果是出人意料的。

德温特和马拉泰斯塔（2001）发现私有化会导致利润增加，并且利润总是在私有化过程中增加。私有化当年过后，私有化形成的民营企业同其他民营企业在效率上并没有显著差别。这可以解释我们关于私有化前后业绩表现的结论，因为我们使用的业绩表现数据并不是私有化当年的。

六、结果背后的原因

1. 私有化前业绩表现不佳

中国政府倾向于将好的企业进行公司制改造，这意味着完全改建的公司最初业绩表现较差。

2. 模糊的私有化过程

私有化会提高企业的业绩表现，但是各种因素会影响私有化的成功。麦吉森和耐特尔（2001）指出，企业的私有化应该使用尽可能透明的方法，并且通过销售活动等向可能的潜在买者公开。也就是说，私有化如何进行将可能影响到私有化后的业绩表现。在中国，招标、被原雇员购买和管理层收购是最流行的重组方法（表 1-3 显示了超过 50% 的调查样本中私有化方法的使用比例）。即使存在公开的竞标程序，但并不排除地下交易。因此，有理由相信原国有企业和乡镇企业的资产和运营并没有流向最有能力的股东，而且私有化的当事人已经为随后的所有权交付了租金。

3. 股权集中度

克拉林和丹可夫（Claessens and Djankow，1999）研究发现，集中的股权与高收益率、高劳动生产率相关联。我们的研究显示，新设民营企业拥有更集中的股权，值为 0.76；而私有化形成的民营企业股权集中度较低，值为 0.65。也就是说，76% 的新设民营企业有一个拥有过半数股权的大股东，而只有 65% 的私有化形成的民营企业有集中股权。T 检验的差异结果的显著性水平为 1%。

4. 仍易受政府干预

范、王和张（2007）以及邓、甘和贺（2007）强调了理解私有化过程对公司制后有一个更好的财务表现的重要性。他们认为，对大股东（即中国政府）利益的侵占导致了企业业绩表现恶化。我们的结果与他们的观点一致，我们的研究表明，私有化形成的民营企业仍然受政府的影响，从而间接地导致了这些企业与新设民营企业相比业绩表现较差。例如，私有化形成的民营企业倾向于去接管处于亏损或破产的企业，从而帮助当地政府减轻压力。结果可以看出，国有企业或者乡镇企业私有化形成的民营企业都由于接管亏损的国有企业而负担很大。

5. 低生产率还是高成本

正如麦吉森和耐特尔（2001）所述，到目前为止，我们并不知道私有化形成的民营企业中销售额是否比生产率增长得快。我们还检验了博德曼和万宁（Boardman and Vining，1989）提出的使用平均资产销售额和平均雇员销售额来衡量生产率这两种方法之间的差异，T 检验统计数据表明这两种方法的差异并不显著。也就是说，私有化形成的民营企业在生产率衡量上与新设民营企业没有差别，所以生产率并不能解释私有化形成的民营企业的低业绩表现。尽管博德曼和万宁（1989）的结论表明私有化形成的民营企业与新设民营企业相比拥有较低的ROA 和 ROS，我们仍可以得出私有化形成的民营企业成本较高的结论。

6. 具有创业精神的经理

一些研究也强调了给私有化企业注入具有创业精神的管理团队来提高公司的业绩表现。巴布雷斯等人（Barberis et al. , 1966）调查了 452 家在 20 世纪 90 年代私有化的俄罗斯企业，证明了新股东和新经理提高了进行增值的重组的可能性。这是一种新的人力资本的注入，有利于提高公司的业绩表现。从研究结果可以看出，私有化形成的民营企业的股东和管理者大多为原国有企业的经理或原政府部门人员。根据上述观点，这些股东和管理者在进行增值的重组上比较保守，而且与新设民营企业的股东和管理者相比缺乏创业精神。

7. 随着时间推移私有化提高业绩的作用将减弱

德温特和马拉泰斯塔（2001）研究发现私有化会导致利润增加，并且利润增加总是发生在私有化的过程中。在私有化当年过后，私有化形成的民营企业在效率上与其他民营企业没有显著差别。这一发现为私有化企业可能在私有化完成后降低业绩表现提供了一个可能的原因。

8. 更有弹性的替代性治理机制

除了上面提到的可能原因，还有一个原因是私营企业的替代性的公司治理模式（AQQ，2005）导致了私有化形成的民营企业和新设民营企业之间业绩表现的差异。也就是说，"法律—财务—增长"这一治理模式适用于国有企业、上市企业和私有化形成的民营企业，但是对新设民营企业却不合适。

表 1-14　　　　　　　私有化前后 ROS 比较

面板 A 私有化年数分布			
priage	Freq.	Percent	Cum.
2	2	7.69	7.69
3	6	23.08	30.77
4	13	50	80.77
5	5	19.23	100
Total	26	100	
面板 B ROS 区别的两组 T 检验			
Variable	Obs	Mean	Std. Err.
ROS	26	0.0570	0.0134
ROS-5	26	0.0705	0.0185
diff	26	-0.0135	0.0067
$t = -2.0314$			

第六节　研究结论

通过使用 2006 年中国 31 个省级行政区的民营企业经营的随机调查数据，我们发现，与可比新设民营企业相比，国有企业和乡镇企业私有化形成的民营企业的业绩表现较差，这是使用不同方法和规范得出的一贯而显著的结论。简单地说，民营企业的出身影响了其业绩表现。私有化形成的民营企业虽然拥有较好的公司治理机制，如大多数私有化企业有董事会结构、有更独立的董事会、没有集中的内部股东，私有化形成的民营企业和新设民营企业的生产率并没有差别，而且更容易获得银行贷款。然而，与新设民营企业相比，私有化形成的民营企业业绩表现较差。可能的原因是这些私有化的企业初始时就不佳，在模糊的私有化过程中也没有找到最有能力的具有创业精神的管理者。德温特和马拉泰斯塔（2001）研究发现私有化的好处只发生在私有化的过程中，我们也认为私有化的好处将逐渐减弱。我们也同意艾伦等人（2005）的研究结果。艾伦认为"法律—财务—增长"这一模式适用于私有化形成的民营企业，但是却不适用于新设民营企业。新设民营企业替代性的治理模式解释了其更好的业绩表现。

第二章

民营企业社会绩效

第一节 企业绩效的概念

企业社会绩效（CSP）及其近似概念——企业社会责任、企业社会回应、企业公民——已在相关的管理学文献中被提及长达45 年之久。尽管研究时间很长，但企业社会绩效领域仍然存有争议。在很大程度上，企业社会绩效等同于"做好事"，对企业社会绩效与财务业绩之间统计关系的研究是为了呼吁管理者更加注重企业社会绩效。这两方面问题主要应归咎于缺乏企业社会绩效理论和衡量方式（Wood，1991）。

我们相信，站在不同立场来看待企业社会绩效是可行的，而且是可取的。正如沃德（1991）模型中提到的，企业社会绩效是关于企业活动对社会、利益相关者、企业本身的影响和结果的一种描述。结果的类型由企业一般和特定的关联方决定，这是由企业社会责任（CSR）的结构原则决定的。这些结果的生产、监测、评价、补偿和整改是由企业的社会回应来定义的——企业与信息、利益相关者以及社会事务连接的范围。所有的这些元素都能被衡量和评估：行动与结果、过程以及结构性原则的具体指导。

本节首先简要描述企业社会绩效的概念，并把企业社会绩效作为一系列可以定义、描述和度量的结构性分类集合来进行阐释。一个关于企业社会绩效与财务绩效之间关系的研究表明学者们已经在企业社会绩效领域投入了大量精力，而实际上其他问题的研究或许更有意义。其次，回顾了衡量企业社会绩效的一些实证文献，并说明这些衡量方法是如何应用于一个扩大的 CSP 模型。这个分析的额外收获是，发现了未经审查或是未被用于衡量企业社会绩效的指标。最后，给出了对现有企业社会绩效研究的结论，为将来进一步的研究工作奠定基础。

一、企业社会绩效作为一系列结构性类别的集合

回顾衡量方法必须考虑被衡量物的性质和定义。例如，研究企业社会绩效，就必须查阅相关实证研究的理论与假设。本节将先对其历史结构进行简要介绍，然后介绍如何将我们的企业社会绩效概念应用于企业的开放系统模型。最后，我们将讨论这种企业社会绩效观点的规范性和理论意义。

二、企业社会绩效的概念历史

企业社会绩效理论来源于 20 世纪 50 年代十分流行的一般系统理论。特别是，企业社会绩效来源于博尔丁（1956）将复杂的组织视作开放的系统、并将这个系统融入更大的环境中去的观点。早期关于企业组织的构想大部分都认为企业是封闭的系统，

这是服从合理化构建和管理这一观点的。泰勒（1911）的科学管理，韦伯（1948）的官僚治理论和法约尔（1967）的行政管理是这种方法的典型例子。斯科特（2003）解释说，博尔丁（1956）最早强调组织是开放式的系统，系统各部件之间具有复杂性、反应性和耦合性的特点。

　　一个开放的系统需要从一个更大的环境中输入资源，同时又将产品输出。因此，从广义上讲，企业社会绩效关注的是企业与其大环境，包括社会、文化、法律、政治、经济和自然方面之间的互动所带来的损失与收益。早期的企业社会绩效所隐含的道德基础是，公司应努力增加效益并减少或消除由此产生的危害。否则，公司将无法适应环境，或将失去关键资源，或者其内部流程的管理权将受到挑战，并有可能被外部利益相关者推翻，甚至失去合法性，因而丧失生存的权利。

　　自从开始讨论企业社会责任，主要的问题是：公司对谁负责，为什么负责，以及负什么责？开放系统理论的一个优势是呈现组织最真实的状态，但它也具有明显的劣势，从学术角度来看，它不能被完全地识别和控制。早期企业社会绩效和企业社会责任的研究表明，（主要是美国的）学者们将企业社会绩效与社会责任的概念引入管理学文献的目的是鼓励企业解决顽固的社会问题。有些学者提出了因果关系假设，即商业活动制造问题；其他人提出了规范性假设，即利用企业专业性和资源来解决问题。

　　鲍文（1953）在书中指出，企业负责生产社会商品、出售商品和服务，并且每个企业都有责任回馈那些支持它的组织。此后鲍文的成果被19世纪六七十年代的美国学者作为调查社会情况，研究战争、贫困、城市衰退、种族歧视、性别歧视和污染问题的依据。然而，一个从麦卡锡时代恢复中但仍处于冷战之中的政府不会这样做。因此，学者们的注意力转向了大企业以及美国主要的社会机构。

麦圭尔（1963）在《企业与社会》一书中最早指出企业应承担更多的社会责任，麦圭尔的研究说明，20 世纪 60 年代学者尝试去解决企业社会责任中存在的问题。1961 年他发表于《加利福尼亚管理评论》（*California Management Review*）的文章中指出了公司的几种模型，包括传统经济、博弈论和行为透视，将企业社会责任的前景作为企业可实施的战略。1969 年，他提出了企业社会责任相关的四种方法：传统的（新古典主义经济认为，企业社会责任在企业中不重要），开明的（企业社会责任为企业的自身利益服务），责任（企业社会责任不一定有效，但应该重视），以及困惑的（证明企业社会责任是合理的）。1977 年，麦圭尔声称，如果企业接受"新平均主义"，它们将不得不放弃其他价值，如自由、效率和核心。麦圭尔的研究敏锐地展示了企业和社会学者关于企业社会责任在其发展初期的冲突。

经济发展委员会（CED）作为一个有很多企业成员的非营利组织，于 1971 年发行重要报告，呼吁商界领袖为社会福祉做出贡献，如就业、税收、货物和服务等方面。学者们试图通过列出社会问题及原因来帮助解决问题（如戴维斯，1973）。龙头企业虽没有完全反对参与，但列出的问题一般比愿意配合的企业多，涉及范围广。企业需要学者们进一步推动企业的社会责任。

20 世纪 70 年代，企业社会回应理论作为备选方案出现，以替换混乱、模糊的社会责任。弗雷德里克（1994）将其命名为 CSR2，并将它描述为关于企业如何回应社会需求的概念和学术研究。该研究强调放弃了"责任"，关注企业行为，不包括潜在的道德支撑如"义务"或"责任"。因此，研究出现了企业公共事务（Post et al. 1981）、问题管理（布朗，1979；弗莱明，1981）和游说（马洪，1983；梅特兰，1983），主要是针对凯姆（1978a）的如何认定企业与社会"自身利益"的模型。塞西（1979）将被动的、防御性的企业反应作为对企业行为模式进行分类的概念基础，不考虑企业的意图或结果。

但是，20世纪70年代对企业社会责任的研究并未完全被抛弃。特别是普雷斯顿和波斯特（1975）的著作以及卡罗尔（Caroll，1979）发表的具有里程碑意义的文章，强调了企业社会责任并提出了长期研究它的方法。

普雷斯顿和波斯特（1975）在公共政策领域找到了制定企业社会责任的方法——比法律和规定要宽泛，但比社会问题要窄。他们的争论主要集中于对现代现实的理解，认为社会机构（企业、政府、教育等）是非独立的、截然不同的，但构成"互相贯穿的系统"从而相互影响。这些学者的争论主要在于企业需要执行经济职能是否是它在社会中唯一真实的工作。他们比别人更早窥见了全球化的到来和复杂的相互依存的关系。

卡罗尔（Caroll，1979）发表的文章提出了最初的企业社会绩效的模型。他选择无法衡量的"责任"来替代"绩效"作为关键词句。他明确了企业社会责任的四个领域（经济、法律、道德、自由裁量），然后将这些与社会议题（消费、环境、歧视、产品安全、职业安全和股东）相混合。最后，他加了第三个层面——企业社会回应的策略（反应性的、防御性的、适应性的和主动回应的）——形成一个企业社会绩效的立方体，包含了96个细胞（这个数字可增可减，取决于包括的事件的多少），在此当中可以评估企业社会绩效。

卡罗尔的企业社会责任金字塔模型在学者中仍具有相当的知名度。结构—功能主义假设，即企业代表社会中的经济机构，企业对经济目标和产出负有主要责任。卡罗尔给法律、道德和责任分层，酌情考虑经济和法律责任中隐含的伦理规范。用他自己的话说，不同领域的大小反映了"相对重要性"和评估的秩序，但并不是附加的、累积的或相互独占的（Caroll，1979）。他（Caroll，1991）后来酌情更改了慈善责任。卡罗尔的金字塔直观地描述了企业全套社会责任方面的管理职责。经理们似乎花大部分时间处理日常细节以产生利润。

奥博力（Aupperle，1984）在卡罗尔的金字塔模型的基础上，设计了一份有 20 道题目的调查问卷来测试其四个类别隐含的比重。每个项目要求受访者在每题四个选项，每个选项 10 分的答案中选择反映卡罗尔模型的四个类别。一个例子如下：

重要的是：

A. 必须要认真履行法律责任。

B. 长期投资回报最大化。

C. 管理者和员工参与志愿和慈善活动纳入当地社区。

D. 当获取新的业务时，未做出承诺，并不准备完成。

然后，奥博力根据项目的重要性计算整体程度，分别代表四类。他报告说，对 241 个 CEO 进行因素分析的结果显示，受访者回答的四个项目的重要性比例与卡罗尔金字塔的视觉比重相似。但是，他也发现"在经济与道德之间存在一个强大的反比关系，并提出了自然冲突的战略选择"。弗雷德里克（1995）后来解释说，这是生物的"自然冲突"在起源和进化，通过尽可能多地挤占可用资源来节约成本，或通过采取行动保护共享资源或保障更多人的福利实现生态的和谐。

沃迪客和柯克伦（1985）改进了卡罗尔模型并加入了一些相关概念，这使得企业社会绩效模型更具说服力和逻辑性。他们提出、评论并综合了他们所看到的问题，作为对原有企业社会责任模型的三个挑战：经济责任、公共责任和社会回应。他们的模型包含三个部分：原则、程序和政策，代表了哲学、制度和组织取向。企业社会责任的原则来源于卡罗尔：经济、法律、道德和自由裁量；根据沃迪客和柯克伦（1985）的研究，企业是社会的道德代理人。社会回应的有关程序也来自柯克伦，反应、防御、调节和主动反应这些进程保证了企业及其经理来回应不断变化的社会条件和需求。政策最终用来管理社会问题，包括政策问题的识别、问题分析和响应发展。这些政策可以帮助企业避免意外，确定哪些社会政策是有效的。

三、企业社会责任作为一系列结构性类别的集合

沃德（Wood，1991）审查了卡罗尔模型及其扩展，该模型能准确地描述经理如何发现其所应承担的社会责任，但他们并未考虑到其在社会中角色的复杂性以及其的行为对他人的影响。此外，企业社会绩效的相关文献越来越多。学者们引用了其中的一些，但并未将过去的成果列入自己的理论。沃德（1991）试图利用近三十年来的文献，这些文献反映了企业社会绩效与社会责任之间的巨大差异，仅包含了少量的批评讨论与交叉讨论。学者们讨论了对管理者、私人企业、企业机构社会绩效的不同层面的分析。此外，学者们并未区分企业责任的本质和来源、用来评价的方法以及相应的结果。卡罗尔（1979）是创始人，沃迪客和柯克伦（1985）在他的基础上努力，但沃德考虑得更多。使用基本的系统框架，沃德将相关文献作了结构性的整合。

企业社会责任的结构性原则包括"合法性原则"，强调将企业视作一个整体；"公众责任原则"，适用于特定组织；"自由裁

量原则"，专指作为员工个人道德责任标准。正如卡罗尔、沃迪客和柯克伦所研究的，社会回应的程序并未反映回应的模式，如对环境的扫描、对股东和相关事件管理的特定程序。沃德的模型中，产出代表早期的企业社会绩效模型中所缺乏的部分。卡罗尔的模型未包含产出变量，沃迪客和柯克伦用社会政策来管理这些产出变量但没有一个结果变量。因此，产出的概念包括政策、程序、实践、对股东的影响以及对社会的影响。

总之，沃德（1991）对企业社会绩效的描述回顾了企业作为经营场所对股东和社会以及它本身的影响。这是社会学概念，不是管理学、经济学或哲学上的概念；并且这是基于开放性系统假设，而非机械论和封闭式系统。

沃德（1991年）提出的企业社会绩效是一组商业活动描述性的分类，注重对社会、利益相关者和公司的影响和产出。产出的类型是由一般和具体的关联来决定的，并由企业社会责任的结构性原则来定义。产出生产、管理、评估、补偿和改正的过程是由企业社会回应来决定的。

因此，企业财务绩效被看作整体社会绩效的一部分——而不是竞争关系，旧的关于企业社会绩效和财务绩效统计关系的研究是误导性的和错误的。

还要注意的是，企业社会绩效定义为对外部股东而言的"做好事"，包括狭义的更大、更复杂的概念。对于社会绩效—财务绩效关系的研究起源于不恰当地将企业社会绩效和财务绩效并列作为对组织资源和管理的相互竞争要求。

贾迈利和米沙克（2007）已尝试将卡罗尔和沃德的企业社会绩效框架合并起来，检查企业社会绩效在黎巴嫩公司的实践情况。他们发现，经理人强调参与慈善事业作为自己创造了社会绩效，与卡罗尔的模型更加吻合。这并不奇怪，因为沃德的论点即卡罗尔模型，比经理考虑企业社会绩效和社会责任更有效。康（Kang，1995）的讨论结果表明，卡罗尔的责任类别具有一个法理架构，表明经济责任是公司和经理首要关注的。

四、沃德的 CSP 模型的扩展

如上所述，沃德（1991）的模型的重要延伸是由康（1995）来研究的。康首先批判的是"法理层次"在卡罗尔的社会责任领域上的顺序和权重，说明如果经理人关注的是经济责任，则太容易找到理由违反道德标准、甚至法律，如果这样做能提高利润，从而避免公司承受经济损害。康认为企业慈善事业的确是"自由裁量"，不能作为正当的企业责任。接着，使用沃德对卡罗尔"自由裁量"的重新定义，并将其作为管理道德的方式，康反复研究卡罗尔的模型，认为所有机构最首要的道德责任排在法律规定、经济责任之后。总之，康认为只有在满足道德和法律要求之后才能赚钱。否则，就没有必要提到企业的社会合法性，那将是一个欺诈性的概念。

康（1995）最主要的贡献是将新的卡罗尔模型的业务与沃德的三大企业社会责任原则联系起来，并对企业社会责任领域的关系做出明确的层次分析。从根本上讲，沃德管理层次的原则中，道德责任和自由裁量权都停留在个人层面。在组织层面的分析中，具体业务遵循这些法律，涉及它的存在性和操作性，并回应利益相关者的需要和利益（沃德的公共责任的原则）。最后，在制度层面的分析中，一般情况下企业有权作为社会组织提供商品和服务，为社会创造财富（卡罗尔的经济域和沃德的合法性原则）。康的分析的基本前提是，如果用法律和道德允许的方式企业不能盈利，那么该企业不应该生存下去。

沃德（1991）的企业社会绩效模式原本是对多种思路和概念的描述，它明确地包括了管理对道德约束的考虑。斯旺森（Swanson，1995）显然不相信这足以反映企业道德的重要性，所以她建议成立一个"职责视角"，主要从人权和公平理论的角度得出结论。

斯旺森的论点集中在企业社会责任（琼斯，1983）的社会控制方面，她误读了沃德的自由裁量原则。沃德的原则如下："经理人是道德执行者，他们有义务在企业社会责任各领域中根据社会回应的产出来执行。"沃德的原则反映出经理选择他们所做的所有的事，不能选择对社会不负责任的行为。沃德没有明确规定经理具体的积极义务，而这就是斯旺森最大的贡献。

斯旺森的批判主要围绕沃德模型的三大点进行，在她看来，需要明确一个有效途径来回答企业如何促进"美好社会"发展的问题。首先，原则是社会控制的规范性标准；其次，他们需要在其体制、组织和个人层面纳入积极义务；最后，他们需要强调支持正反两面责任的道德动机。

为了克服沃德模型的缺陷，斯旺森建议应当将决策制定程序加入模型，包括社会背景、动机和可能的结果；其中决策制定阶段可作为社会程序；这些社会程序可以归入道德价值。她修订的原则类别（与沃德的原则、过程和结果比较）是企业社会责任的宏观原则、微观原则、企业文化和社会影响。在每个类别中，斯旺森增加了明确的规定，使企业社会绩效模型成为一个更全面的声明，说明了关于企业绩效的哪些事情应该发生。

斯旺森在 1999 年扩展了她的模型。这篇文章的问题有些不同：取代关注公平交易和社会责任，她困惑于如何将描述"什么是"和规范"应该是什么"整合在一起。她用"价值忽视"来分析存在的困难，用"价值调节"来突出整合的优点。此文章中，她还首创了一系列对比和理论上的条款：

"标准短视"，"价值与政策的结论不相关"的看法（Swanson，1999）；与"标准感受性"相比，定义为"价值和事实在政策制度方面是不可分离的"。

"价值隐藏文化"，定义为"强化和维持非正式组织的价值限定"，相较于"价值发现文化"，"强化和维持组织文化中的价值扩张"。

"限制价格的外部事务"，当"社会价值理解为不一致的现状，现状是不强调、误解，不与执行者交流，或简单地不放在第一位"；相较于"价值扩张的外部事务"，或"外部事务雇员对大范围的社会价值的侦查以及信息传送给组织的决策者"。

"价值忽视回应"，或企业无法"有效地适应与设想的不同的社会价值"；相较于"价值协调回应"，定义为"组织能选择和召回很多从对环境的回应中所学到的价值"。

在随后与同事共同撰写的出版物中，斯旺森继续发展和完善了这些概念（Orlitzky and Swanson，2002；Orlitzky et al.，2006）。

米特尼克（1993，1995）通过将系统方法应用于弗雷德里克（1978，1987，1994）提出的社会责任的三个方面，攻克了分类整理规范社会绩效的困难，一般被作为 CSR1（企业社会责任）、CSR2（企业社会回应）和 CSR3（企业社会操行）。该方法拆开了理论和方法中的问题的概念元素，然后根据一个基本理论逻辑将它们重组。例如，在 CSR3 中有各种规范说明。米特尼克（1995）提出根据他们是否满意来分类，"不伤害利益相关者"，或"暂留"，就像"根据你的利益相关者的行动来行动。一个令人满意的说明能准确地告诉你期待的是什么；一个暂留的指令告诉你有些事情是被期待的，你需要找出它是什么。然后，米特尼克将"标准承诺"定义为"执行者接纳准确的规范性声明（伦理、价值、规范性原则）的程度"，该声明的内容足以引导执行者的行为。连续的规范性承诺中，执行者通过采纳能真正引导行为的标准来定义"规范性约定"或"规范性暂留"，告知执行者注意哪项标准是实际行为准则。在更加详细的阐述之后，米特尼克根据这些概念提出一个观点：社会环境受规范性承诺的影响越多，则受规范性约定影响越多，受规范性暂留的影响越小，对社会的责任越大。其他的论点表明回应会受到执行者偏好的影响，这归因于所采纳的规范性声明的重要性，执行者团体接纳规范性声明的中心观点和执行者受托的角色，采纳规范性声明。米特尼克以指出规范性参考理论来结束他的分析——包括进程的选择、承诺、指导、实施、管理、成果生产、会计与调整——作为采用和运行企业社会责任框架的方法。

米特尼克（2000）扩大了系统分析对企业社会绩效的计量问题，分别讨论了三个指标：估值（我们的价值）、绩效评估、关于绩效和估值的看法和信念。他提出了非常重要的一点，即对企业社会绩效衡量的简单研究是一种误导；企业社会绩效是一个复杂的系统，其测量需要复杂的工具。为了说明这一点，他用了一个指导性的系统模型（他认为可以很容易地归入沃德1991年的模型）来检验对企业社会绩效"好"或"坏"，这是根据测量一个方面或另一个方面不同解释。举例来说，一个公司仅是服从政府减少污染排放量的指令是否代表它社会绩效好？一个公司本意想但未能保证工人安全是否代表它社会绩效好？如果问题管理流程都到位，最后公司盈利，是否代表它社会绩效好？

利用该指导性系统模型，米特尼克提出以下6个涉及企业社会绩效衡量的元素：

（1）企业指导性部分的质量。包括对任务陈述、举止行为、董事会或高级执行官的评估。

（2）输出系统。如招聘，对少数民族雇用和保留的做法。

（3）企业生产流程。如对少数民族的解雇、招聘和保留。

（4）产出（或活动业绩）。如特定时间内少数民族解雇、招聘和保留的数量。

（5）最终影响。如少数雇员与非少数雇员的满意水平和绩效水平。

（6）总体的、组合的业绩。如一些业绩评价，与少数员工的雇用、保留相关。

永远不要仅仅满足于列出的元素。对于那些研究者在系统审查和衡量企业社会绩效时可能想要解决的问题，米特尼克（2000）提出了一系列广泛的观点。

规范性企业的社会绩效与结构性企业的社会绩效具有不同影响。假设企业应该致力于"做好事"，那么，如果企业社会绩效作为一项清晰的规范性概念继续发展，我们就能预期确定的回报。包括以下内容：

（1）有关"做好事"的确切定义的争论仍在继续。

（2）哲学家将被卷入这些争论，他们发表有关好、好社会、好公司、好人的定义的论文。

（3）同时，对于企业社会绩效与财务绩效之间模糊的和微弱的关系，社会学家将继续进行研究。

（4）商业社会领域的研究与政治行为、战略决策等相互影响，核心营运活动不作用于企业社会绩效。

（5）商业领导将继续忽视这些学者们和所谓的"做好事"，他们将他们认为有关的、有趣的、对公司或者他们个人有益的事作为他们认为合适的范围。

但是，如果研究企业社会绩效的学者们将他们的观点转变为专注于研究清晰的结构和理论，在其环境中采取一种关于公司的有机的开放系统理论，以及有关企业社会绩效的特定观点，会出现另外的结果：

（1）命题的设置将得到发展，它们会阐明如何识别、制定和评价公司之于个人、股东和社会的责任。

（2）研究重点将从企业社会绩效—财务绩效的关系转向以理论为基础的假设的发展，并检验不同公司面临的不同的责任，他们履行这些责任的过程，以及个人、股东、社会和公司本身行为的后果和影响。

（3）研究企业社会绩效的学者甚至开始利用他们广泛的专业知识来建立一个有关公司的新理论。米特尼克（Mitnic, 2000）的论文中指出社会科学应该为有需要的人服务，描述了有关实证的内容，而哲学家应该探索连接在有需要的人以及内容上的意义和价值。

为什么学者们和经理们在考虑社会绩效和财务绩效的时候想法一样呢？奥普乐（Aupperle, 1984）发现的交易理论表明，经理们认可的经济和道德责任被弗里曼和韦克斯（1994，1996）称作独立理论：一个经理能够不考虑道德责任而做出商业决策的观点是错误的。学者们指出，所有的商业决定都有道德影响，将它们分开是没有意义的，也是不可能的（在20世纪80年代，道德被附加在商业和社会中是一种流行的做法，这将突出个人的作用，将注意力从组织、机构以及社会系统中转移。商业道德学者们不很关心企业社会绩效，所以，我们要把他们大部分的学术发展留到另一种回顾中介绍）。

将社会引入企业绩效的概念要追溯到20世纪50年代的结构功能理论学家。他们发展了部门理论的思想，指出社会是由相互联系的不同机构组成的，这些不同的机构有特定的功能：经济体生产和分配产品、服务和财富；政府支配并且再分配；家庭再生产和社会化；教育机构创造和传播知识；宗教提供可持续的定义。这些机构以一系列为社会服务的不同的组织的形态呈现：商业机构、政府机构及其分支，家庭以及住户单位、学校、宗教场所。

后来兴起的思想指出，公有企业是为了服务于其理性所有者的利益。这源于结构功能理论的劳动部门分离理论。核心观点是通过组织专业化来提供国内机构的服务功能。当组织不能实现跨职能目标的时候，社会可以实现。也就是说，政府不需要提供经济功能的服务，商业部门也不需要提供应该由政府提供的服务等。

单一的企业目标观点以及随之而来的独立理论，促使大量研究企业社会绩效的学者试图调整他们的研究范围，开放理论体系在不考虑企业社会绩效以及企业财务绩效统计上的关系的基础上研究企业责任。其他人寻求为企业社会绩效建立一个商业基础，企业应该采取负责任的行为的理由可能会说服管理高层。我们将在下一部分简要回顾这些理论。现在，重要的是弄清楚企业社会绩效以及财务绩效之间的关系。在沃德的企业社会绩效的模型里是没有逻辑关系的，因为财务绩效是企业社会绩效的一个分目录。另外，为企业社会绩效建立的商业基础是不相关的，因为企业社会绩效在沃德的模型中没有被定义为"做好事"，更多的是企业是否考虑它所产生的影响和结果。沃德同意康的说法，企业社会绩效不应该是企业生存的底线，而是阐释标志功能正常和功能不正常的经济体系的结构和过程。

斯旺森的组织理论指出的有关不同类型活动的相关重要性的管理观念，是保护核心功能不受更大范围内的无规律的、不可预测的影响的一种尝试方式。更广泛地讲，企业社会绩效的研究者需要证明刻意的缓和是一种心理自欺，不管经理层是否看到，其对环境的影响都会发生。

第二节　对企业社会绩效—财务绩效的研究沿革

对企业社会绩效—财务绩效关系的研究以及为企业社会绩效建立一个商业案例都是建立在将企业社会绩效规范化的观点之上，被认为是企业除了实现其经济目标以外还应该做的事情。对于怀疑者来说，企业社会绩效不是一个企业应该关注的事，因为它会占用企业发挥其首要职能所需的宝贵资源。围绕这些有影响力的观点，产生了成百上千的论文、研究、案例描述和辩证法，包括很多重要的提供信息的评论文章（Cochran and Wood，1984；Aup-perle et al.，1985；Ullmann，1985；Wood and Jones，1995；Pava and Krausz，1996；Frooman，1997；Griffin and Mahon，1997；Margolis and Walsh，2001，2003；Orlitzky et al.，2003；Margolis et al.，2007）。本章综述了这些调查获得的结果，在下一部分将提出调查过程。最终的结果是空洞的——做好事在大多数情况下不会损害公司利益，而对社会造成损害有时候会损害公司利益。这样的结果并没有指出需要对这个问题进行进一步深入的研究，而是对有关企业社会绩效—财务绩效问题的遗弃。

一、有助于研究企业社会绩效的商业案例方法

李（Lee，2008）关于企业社会责任理论的评论包含了对站在"开明的利己主义"立场讨论企业社会责任的讨论，仅提出了企业会承担社会责任，因为其认为从长远来看，这与利益是一致的。这是对衡量企业社会绩效有帮助的一个基本观点。

李（2008）宣称，"企业社会责任不再体现为企业经理人为

了更伟大的社会利益的道德责任，或执行者们无条件地花费而妨碍企业的利润率增长，而是作为一项战略资源被用于提高公司绩效的底线"（McWilliams et al.，2006）。然而，衡量道德的内容远比衡量可观察的投入、生产量、产出以及行为结果难得多。如果一个人接受公司的"严格的经济"功能的观点，他必须使得任何与这些经济功能无关的行为和花费得到经济化调整。如果一个人只是为企业社会绩效努力，除了经理层为企业社会责任赢得喝彩具有实际意义外，其衡量是不相关的。但是，如果这个论点是有帮助的，衡量也会变得重要，因为此时的问题不再是"如何最好地负责"，而是"它是否值得我们尝试"。有帮助的假说很多，尤其是那些认为企业社会绩效与财务绩效之间有直接关系的假说，这正是我们发现的大部分现存的企业社会绩效的度量。

对企业社会责任和企业社会绩效有帮助的研究构成了讨论企业社会绩效的商业案例的基础。管理学界的学者们对找出企业社会绩效—财务绩效的联系感兴趣，他们据此调整是否同意企业责任行为。支持者们试图表明，企业社会责任对企业经营有好处的方式直接反映在底线上。反对者想要表明，企业社会责任是昂贵的，超出了企业合法权益，除非在企业社会责任的行为和企业利润之间有一个开放的、直接的战略联系（被称作利润最大化的社会责任）。例如，麦克威廉姆斯和席哲尔（McWilliams and Sie-gel，2000）认为，沃多克以及格雷伍使用 KLD 社会责任比率得到的有关在企业社会绩效与财务绩效之间有积极关系的发现是有缺陷的，因为它们不能解释公司研究和发展投资，在计量模型中往往会剔除企业社会绩效和财务绩效的关系。有人会感慨为什么会这样，但是他们的结果试图加强企业社会绩效的重要性。

商业案例的研究范围比探索企业社会绩效—财务绩效关系的范围窄，它企图为企业提供社会责任能够获得最佳利益提供一个有说服力的论据。一个典型的企业社会责任的商业案例的理由包括：良好的信誉，股东的善意，更低的成本，更好的运营效率，更好的风险管理，通过产品多样化或者价格稳定性体现的竞争优势，减少烦琐的规则的束缚，开辟新的市场，保持员工积极性，减少员工跳槽风险（基于外部激励组织），开发有竞争优势的技术，提高本地员工的生活质量使其留任（Weber，2008；De Schutter，2008；Lee，2008）。这些似乎都是对社会负责的企业行为的常识性的结果，但是能够抽离出逻辑关系并且经得起实践检验的理论还没有出现。学者们专心致志于这些方法中的某一个，问题仍然是如何建立可测量、可检验的企业社会绩效活动与这些结果之间的联系，并从那里到财务绩效。

理论研究中的数据

阿尔曼的标志性论文——《寻找理论的数据》——是有关企业社会绩效与财务绩效度量的。25 年之后，这项研究仍然能够评论 20 世纪 70 年代以及 80 年代早期的 31 项实证研究，阿尔曼辨明了三个种类的措施：

（1）社会披露。包括企业自愿披露社会报告、强制性的污染报告、厄尼斯特企业污染信息披露以及厄尼斯特排名。

（2）社会绩效。使用马克维茨的声誉指数，或者作为一种假设替代的社会披露，或者是学生以及经济优先委员会的努力，按企业责任声誉对企业排名，或者是经济优先委员会的污染绩效指标，或者企业在返回调查时的自我陈述。

（3）经济绩效。通过各种选择来衡量，如股东回报、股本回报中位数、每股收益增长、价格/收益比率、营业收入/销售额、营业收入/资产、多余的市场估值、净收入、净利润率和 β。

阿尔曼检验的 31 个研究中大多数使用了小样本，大量的研究表明，没有发现一致的关系并不稀奇。阿尔曼得出结论：在企业社会绩效与企业社会责任之间没有明确的关系，部分原因是好的数据以及清晰、可信的措施并不可用；还有部分原因是没有好的理由——没有理论支持来连接企业社会绩效和财务绩效的各种度量。

阿尔曼的早期实证调查显示，他尝试将社会披露和社会绩效联系起来，是受到为社会绩效的更困难的和难以捉摸的变量去主动寻找一个现成的替代物（社会披露）的愿望的激励；尝试将社会绩效与经济绩效联系起来很大一部分原因是希望建立一种积极的关系，以此来说服对企业社会价值持怀疑态度的企业领导；尝试将社会披露与经济绩效联系起来同样是受到后一种愿望的激励，假设披露是对绩效的一种合适的替代，尽管一些证据表明，社会披露很多的公司实际上污染最严重，其他有害的产出最多。

二、一个或两个连续统一体

可识别的企业社会绩效—财务绩效关系的中心问题是，好的企业社会绩效与差的企业社会绩效不可能出现在一个统一体中。麦乐特发现，经理们谈论社会责任和无责任时将它们作为截然不同的现象。无责任行为带来无法辨明的损害，或者使股东无法接受的风险增加。负责任的行为包括从普通的道德行为到不一般的有益行为。一个行为可能对有些股东来说是负责任的，而对其他人来说是不负责任的。一个公司针对负责任和不负责任的行为，会有非常有分歧的记录。

此外，因果关系的归因是非常困难的，即使好的和不好的企业社会绩效由不同的尺度衡量，可以将有害的结果归因于不负责任的社会行为，但这不是必然正确的。损害可以由别的方式产生，如有人蓄意破坏安全控制，有人粗心或者鲁莽，或者是天灾无法避免或防备，或者是与组织无关的人的行为所导致的，此人仍然设法造成可追踪的损害（例如，想象一下，一架飞机撞到了一只鸟然后坠毁，继而撞到化学品储存设施，造成了爆炸，危及了当地居民）。因此，伤害是可以被观察到的，但不一定是由不负责任的行为引起的。

我们将在下一个主要部分看到，当完全考虑结果的时候，企业社会绩效的研究倾向于强调其损害而非益处，更多地研究不负责任而非负责任的过程。作为一个例子，根据瓦格纳等人（Wagner et al., 2008）的研究，建立一种消费者评估零售者不负责任的社会行为的评价工具。定性的访谈引出大量的不好行为的例子，研究者将损害的对象分为自然环境和当地的商业，国外工人与国内工人在当地的就业情况以及对社会规则和期望的违反，员工的情况（工资、工作条件、歧视和福利），可疑的销售行为，不诚实，出售假冒的原材料，可疑的以及不公平的价格政策。相比其他人，妇女和老人将更严厉地批判零售商的这种行为（笔者在附录中列出了包含所有的不良行为的清单）。

三、不良行为的成本

对实际股价和预期股价之间差距的研究表明，不良的企业社会绩效（也就是带来损害的行为）在很多情况下与财务绩效有清晰直接的消极关系。一项早期研究用非自愿产品召回来衡量不良企业社会绩效时发现公司股价出现负回报。研究表明，股票的未来价值是基于公司过去表现的基础上的，然后将估计价值与股票实际价值以下的临界比较，这是基于市场能够迅速将所有信息反映在股价上的基础上的（这些早期研究包括 Jarrell and Peltzman, 1985; Pruitt and Peterson, 1986; Hoffer et al.,

1988；Bromiley and Marcus，1989；Davidson and Worrell，1992）。沃德和琼斯（Wood and Jones，1995）指出，这些研究的共同发现是以企业的标准经济理论为基础的，产品召回代价巨大，对企业利润会有直接的影响，也会减少消费者的信心以及购买的意愿。

付如曼（Frooman，1997）应用统计汇总分析技术，研究了 27 个事件，检验了股票市场对公司不负责任的社会行为以及违法行为的反应。付如曼选择研究股价在公司经历企业社会责任事件前后的变化，他把它定义为一个企业行为，当企业选择负责任的时候，它将大大影响可识别的社会股民的福利。另外，付如曼只研究了事件中的企业社会责任是由公司所选择的情况。因此，例如，对于政府增税以及飞机坠毁事件的市场反应没有包括在内，但是对逃税惩罚以及危害航空安全行为的市场反应被包括在内。完整的事件类型的列表研究包括反垄断行为的研究，其任务为不合格或危险产品的召回，价格操纵、欺诈、虚假陈述、逃税、非法污染和一氧化碳，FAA 或联邦贸易委员会标准的侵犯。付如曼的统计分析会其得出结论：不正常的收益（在事件发生后，预期收益和实际收益的差额）在研究中是重要的和消极的。这个事件研究表明，当企业做出不负责任的社会行为或者违法行为时，股东的财富会减少。同样，这个发现是与被广泛接受的经济解释一致的，也就是说，不良的行为会对股东继续购买股票，或者投资公司的意愿以及股东的信任有直接或者间接的影响。

四、有益行为的收益

在以数据为基础的研究中，尽管做出了很多尝试，好的企业社会绩效与财务绩效的关系并不是一致的。然而，近期对沃德（1991）的分析，报告了企业社会绩效与财务绩效之间有清晰的、一致的积极关系。

首先，一个重要的问题是，在决定企业社会绩效和财务绩效的积极关系中，普通的负责任的或者合乎道德的行为并没有得到应有的回报或者说并没有被注意。没有经理会认为"我们的团队这个月非常负责任，我们要给他们奖金并让所有股东都知道"！合乎道德的、负责任的行为带来的只是减少了有害结果，这样的减少可以归因于此，而不是幸运、聪明的操作或者对受伤者声音的压制。因此，数据往往是以对社会的实际表现为基础的替代措施。

其次，一个问题是，不管做了多少好事，责任或善举可能只是出于对自身利益的考虑，这样可能否定了责任或者道德的原因，因为不管对别人做了多少好事，善举不可能与自身利益无关（Prince and File，2001）。

其他的问题仍然是方法论的。因果关系的形成路径被规定，时滞没有被考虑，公司自行报告的数据可能不完整、不真实或者彻底是假的，会代替客观观察的结果和影响；不合适的统计分析被应用；可能调整的统计变量被忽视或者选择不当；使用小样本；态度被假设能够代替行为，等等。

最后，被确切提出的理论问题是，为什么企业社会绩效的特定度量与财务绩效的特定度量有积极的关系。一些难以理解的结果已经公布，其中包括贝尔考维（1976）的一个临时的污染数据的年度报告和公司的信息披露每月平均残差之间的正相关结论。

数学的汇总分析技术，正逐渐成为总结同一领域研究结果的方法。最新的两个实证论文的汇总分析有助于我们理解什么是真正发生的试图弄清企业社会绩效与财务绩效关系的大篇研究，它们都说明了企业社会绩效与财务绩效之间一致的积极关系。

奥力斯基等（Orlitzky et al.，2003）对 52 项企业社会绩效—财务绩效研究的 388 个结果进行了统计汇总分析，他们将研究结果转化为规模效应。他们通过复杂精确的计算，将样本选择的误差、度量方法的误差、时滞等带来的不良影响考虑进去，得出的结论是，在现实中以及在研究报告中，企业社会绩效与财务绩效之间都存在积极的关系。另外，他们还得出结论，积极关系会随偶然事故的发生而改变，例如声誉影响、企业财务绩效的市场度量以及企业社会绩效的披露。

马格里斯等同样对 167 项企业社会绩效—财务绩效研究的 192 个结果进行了汇总分析，他们将研究结果转化为规模效应。他们的研究并没有考虑奥力斯基提出的方法论问题可能带来的误差，相反，他们采取了一个研究一张选票的方法，将所有的结果看成是同质的。这样的方法比奥力斯基获得的结论更好地考虑到在较小的整体中企业社会绩效以及财务绩效的正相关关系。然而，马格里斯等发现了一个持续的正相关关系，他们得出以下结论：经过 35 年的研究，在数量上的优势证据表明了企业社会绩效与企业财务绩效之间的缓和的正相关关系。所以，没有令人信服的证据表明企业社会绩效的成本很高，优势证据是指向相反的结论的：对社会不负责任将会付出昂贵代价。

五、度量企业社会绩效的结构

艾基尔和凯利（Agle and Kelley，2001）根据联合之路（United Way）贡献行动的数据，认为企业社会绩效的度量必须包括沃德所提出的三个方面：原则、过程、结果。他们支持沃德的观点，认为社会责任不是偶然的，也不是公司在追求好的财务绩效之余的副产品或附加品。他们写到，例如，许多员工受到胁迫去协助联合之路运动。对于股东的社会责任、企业社会责任原则应该是这样一种情况，即对有些股东来说，结果可能是令人满意的，但是过程中包含的非自愿贡献很难被认为是社会责任。这是对权力的不明智的使用，违反了合法性原则，也违反了使那些道德自律的工人自己做出选择的原则。这个问题说明了企业社会绩效衡量问题的复杂性。复杂的现象是不能通过简单的理论和有效的方法来解释的。

奥力斯基等（2003）对企业社会绩效—财务绩效的论文进行了汇总分析的检验，看检验结果是否与沃德对企业社会绩效的定义相吻合。沃德将其定义为"一个企业组织的社会责任原则的配置，社会反应，政策，方案和流程，将其与企业社会关系联系起来时可观察到的结果。"

奥力斯基等说明其理论与沃德的模型是一致的，声称沃德的定义是企业社会绩效最具有影响力的、有利的、全面的概念之一。引文分析表明，沃德1991年的文章是该领域被引用最多的，但是引文分析没有说明有影响力的真实故事。这应该很清楚，关于企业社会绩效的扩展、批评、测试或者其他沃德模型的实际用途的研究是比较罕见的，大多数有关企业社会绩效的研究认同了企业社会绩效在理论上的发展方向，然后选择一种对其发展影响很小或没有影响的度量方法。

不过，沃德（1991年）的企业社会绩效模型提供了能够引导企业社会绩效测量发展的结构类别。如果企业社会绩效的研究与沃德模型的结构尺寸是相同的，怎样才能使它们不同呢？这部分考虑了已经或者将会与沃德的社会绩效结构模型有关的度量类型，这些模型由康（Kang, 1995）、斯旺森（Swanson, 1995,

1999）和米特尼克（Mitnick，1993，1995，2000）修改过。因为沃德（1991）的基础在于企业社会绩效的度量，被引用的研究在他们发现的项目里没有被讨论，它们是为了表明不同企业社会绩效的度量方法的用途。

在相关文献检索开始的在线书目数据库搜索实证文献（ABIIn- form，Gage，EBSCO，Proquest），关键词为"企业责任"和"企业社会"，引起的条款如"企业社会绩效""企业社会不负责任"和"企业社会责任"。其他文章的索引为汇总分析（Frooman，1997；Margolis and Walsh，2001，2003；Margolis et al.，2007；Orlitzky et al.，2003；Wood and Jones，1995），以滚雪球的方式加入发现的其他文章，包括评论者的建议。剔除复制的清单、研究的概括报告、新的故事和新闻，检验每一篇文章以决定企业社会绩效的度量、采用的措施；对于每一个研究，都根据其与沃德的企业社会绩效的结构目录的吻合程度来进行分组。

一些注意事项要符合规定。第一，对相关文献进行了广泛的搜索，但并不详尽。例如，除了马格里斯等（Margolis et al.，2007）和佛瑞德·埃里克（Fred-erick，1978）的经典论文，我们没有考虑工作文献。我们没有搜索科学、医学、技术、行业性或工程文献来源。很有可能，我们忽视了一些使用这里列出的不同方法的研究。在这里，我们没有列出所有的使用特定措施的研究，我们只是列出了建立一个模型所需要的措施。例如，许多研究使用了财富排名和KLD的数据库及其之前的研究，我们已经列出了使用这两种方法的足够多的研究来表明它们是其中较受欢迎的。

第二，需要注意的是，企业社会绩效结构目录的分类是建立在我们自己的观点和理解的基础上的。这些分类的可靠性可能被质疑，原因是这些措施很难作为一个负责任的过程或者作为结果，或者确实与这两者都相关。

第三，有一些结构性的企业社会绩效分类是明显无意义的，在论述或者措施方面很空洞。这并不意味着没有文献可以利用，它只是说明这样的文献没有被认为是与企业社会绩效相关的典型，用企业社会绩效的关键词搜索时也没有被发现。例如，有大量的关于组织文化、管理决策、企业道德、企业的政治行动、员工关系、污染的产出和影响的文献。这些文献的发现有待于被引入企业社会绩效的研究。学者们不再专注于商业案例或者承担责任的经济诱因的证明，相反地，他们专注于将企业社会绩效作为一个范围广泛的、多维度的结构，里面包含与经济绩效有关的许多其他变量。

第四，有关措施的适宜性以及相关强度取决于相关理论。包括对相关现象的观察，以及观察的精确度和可靠性。因此，接下来的文献调查可认为是解说性的而不是面面俱到的，是暗示性的而不是决定性的。

实证文献跨越多个企业社会绩效的类别使用的措施：

多项企业社会绩效的类型使用的方法不能被分离成原则、过程、结果。一些研究使用了社会或者环境报告衡量企业社会绩效。

德温波特（Davenport，1997，2000）的企业公民（CC）的措施是由企业社会责任和绩效的一个专家小组发展的。她探索了用社会审计来衡量企业社会绩效的方法。她的方法明确遵循沃德的企业社会绩效模型，并根据得到的反馈信息和利益相关者的有关事项增加了一些内容。

在进行社会责任投资时，为投资者寻找一种方法来识别更好的或更坏的企业社会绩效。这种方法并没有立刻发现多元、多类的股东的做法，而是先筛选出生产罪恶和暴力产品的公司，例如生产烟草、枪支和军用武器的公司；然后筛选出好的公司，如将一定比例的税前收入给慈善机构的公司；其他的筛选指标与特定类型的利益相关者有关，如工作场所的安全记录、妇女的比例、在管理层或者董事会的少数民族人员数量以及污染绩效等。

1988 年，基金公司（KLD）开始提供美国公司的共同基金，以标准普尔 500 为参照，除了被甄别为社会责任的因素。多米尼社会指数基金由 400 家美国大公司组成，选择这些公司的标准就是它们很少涉及不负责任的领域，如军事承包、南非、烟草制品、赌博以及核武器等。逐渐地，KLD 公司在其评级数据库加入了其他因素，包括公司的环境记录、雇用少数民族和妇女、慈善捐赠、社区关系、自主自愿、产品质量、消费者关系、员工关系、支持可持续发展或有机农业等。到 1996 年，KLD 已评估超过 800 个公司，并且为学术研究提供数据库，该数据库作为在实证研究中计算企业社会绩效的一种方式被广泛使用。

KLD、CSID（加拿大）、ARESE（法国）、Vigeo（法国）和 EPS（一个由研究人员或其他观察员建立的企业社会绩效判断模板）评级的研究都是多维的，很难找到具体的过程或结果。这些多层面的评级方法可以用来说明公司对于企业社会责任原则的承诺、对反应过程的应用、不同利益相关者以及公司的收益。这个评级和企业社会绩效一样受欢迎，很大一部分是由于这是对企业社会绩效的第三方评估，而对公司报告的依赖不是很大，就像研究社会和环境报告一样。尽管 KLD 最早的综合评级体系只评估美国公司，但值得注意的是，全球性的企业社会绩效问题正在被解决，这也被运用于 KLD 体系和其他体系之中。

KLD 和类似评级有时被作为整体企业社会绩效的总体度量，但这在理论和方法论上都是无根据的（Wartick and Mahon，2009）。会存在这种可能性，即高排名的公司在关键方面做得好，一个公司排名低不会引起损害或者只会有很小的损害，但是其在"做好事"方面是不显著的。将企业社会绩效作为一种多元结构并不必然意味着将其看成一个能够准确把握所有部分的单一的度量方法。

第三节 有关 CSR 的结构性原则的实证文献

一般来说，最符合沃德提出的社会责任中的结构性原则的文献多是概念性的而不是实证性的，而且这些文献往往不能通过关键词"企业社会绩效"检索出来。因此，只有少数的结果能被检索。

合法性原则则是直接借鉴了戴维斯的研究成果（Davis, 1973）。这个原则强调："社会保障了企业的合法性并为企业提供力量。从长远来看，那些不对社会履行责任的公司将会渐渐失去这些力量。"

合法性原则在制度层面的分析中得到了应用。正如康（Kang, 1995）指出的那样，这里最核心的理念是每个企业作为商业机构的成员都负有一定的义务。特别要指出的是，企业在履行这些义务时不应滥用其商业机构发挥出的强大效能，无论是企业个体还是其所在的机构自身都可以保留其在社会上的合法地位。

正如我们搜索到的部分结果，管理过程在企业社会绩效研究中并不受青睐，原因在于这一过程难以观察。我们从一些机构以及董事会中的女性成员和少数利益相关者那里获得了一些数据，但这些薄弱的数据并不能代表整个公司治理的力度和目标。当然，管理是一门极为综合的学科，涉及法律、财务、机构理论领域等多方面的知识。尽管如此，目前它还仍未成为企业社会绩效框架中的重要因素之一。

一些社会报告研究，特别是科克和她的同事以及亚当（1998）等人的研究，强调企业在发布社会报告中承担着机构压力，包括全球化的融合、国家法律和监管框架、国家的社会压力，以及某些社会议题的业内曝光等。最近的另一项研究（奥肖内西等人，2007年）在覆盖面和研究方法上与KLD相同，涵盖了130家日本企业，研究中还包含了日本研究所的企业公民的排名。研究人员发现，企业社会绩效行为担负着巨大的产业压力。他们在报告中称，在这些公司里，企业社会绩效被看作一项共有的战略资产。这一发现显然与企业社会绩效的合法性原则相一致。研究指出，一个公司的丑闻或灾难，尤其是那些明显的或重大的事件，将损害到整个行业。这些研究可以证明公司的确面临着合法性原则带来的压力。

公众责任原则源于普雷斯顿和波斯特（1975）的研究。沃德（1991）对这一原则做了如下表述：“企业对其直接和间接涉及的社会领域负有责任和义务”。

这一原则在机构层面的分析中得到应用。它在一个更为广阔的社会政治环境中，将个别企业与其利益相关者联系起来。尽管有时企业社会绩效和利益相关者期望被认为是相互对立的，但事实上，对于学者们来说，公众责任原则却能将他们感兴趣的利益相关者理论研究同企业社会绩效理论研究自然结合起来。

在这里我们只列出了很少的研究成果，但事实上有大量研究表明回应过程是适于应用的。同样，那些旨在改变企业行为的利益相关者压力研究（如积极行动、抵制、宣传、立法和监管措施等）也可以表明企业公共责任的存在性及其内容。

我们之前看到的经理自主权，将卡罗尔的第四类“自由裁量责任"变成了一种道德自治和选择原则。沃德对于经理自主权的表述是这样的:"经理人是道德扮演者。在每个企业社会责任领域中,他们有义务行使手中的自主权,并且要对其结果负责"。

经理自主权原则在个人层面的分析中得到应用。无论是关于道德选择的文献还是关于企业价值观和行为准则的文献都为数不少,但是这些文献的检索关键词却往往是"商业道德"而不是"企业社会绩效"。

一、微观原则、机构文化和决策

斯旺森(1995,1999)曾主张修改沃德提出的模型,认为在原有模型的基础上应重新纳入明确的规范,或者纳入微观层面上的社会责任原则;同时还要将机构文化和管理决策变量考虑进来。尽管与此相关的文献很多,但能通过关键词"企业社会绩效"检索出的分类文献却寥寥无几。

二、关于企业社会责任过程的实证文献

证明回应过程的存在性比描述其特征和宽泛的范围要容易得多。相关研究大部分被归类到企业回应过程名下,这一事实也证明了上述论断。相关研究资料列出了一系列种类繁多的企业社会绩效措施,这些措施不但与企业回应相关联(如防御性的、反应性的、适应性的、积极性的等),而且与沃德模型展示的三个回应过程相呼应。

结果表明,行为模式的评估在企业社会绩效措施中并不受青睐。这也是可以理解的,因为这种评估总是过于主观而且过于笼

统，不能反映企业反应的真实情况。例如，一家公司可以对高责任风险的事件采取防御型的回应策略，对可能对公司有利的事件采取适应性策略，而对可能存在转机的重要事件则采取主动行动策略。那么，企业的行动方针又如何能被强行分类开来呢？

同样，尽管与公共事务管理相关的文献很多，却极少有将环境扫描与企业社会绩效结合起来研究的成果。

从很大程度上讲，利益相关者的管理实践只是企业社会绩效内容的一部分，但在实践中却往往被用来代替整个企业社会绩效，并且有些研究也确实是在狭隘的管理实践概念中探求企业社会绩效指标的。在这类研究中，员工、客户和自然环境似乎可以选作利益相关者的代表。现在，企业社会绩效的概念已普遍被慈善捐赠一词所替代，这或许是因为慈善捐赠的资料易于获得且可信度高，但当慈善捐赠与财务绩效相关时，研究结论就难以解释了。正常情况下企业对慈善事业没有直接的支出，因此，必须通过名誉的提升、与非政府机构结盟或平息潜在的重大索赔事件等因素寻找理论联系。

以公共事务和议题管理为主题的文献很多，但是与企业社会绩效相关的文献却并不多。然而，公共事务和议题管理恰恰是企业为应对所处环境所拥有的最强大的衔接机制。公共事务管理的主要内容集中在企业与政府的关系上，包括企业政治行动委员会立法和监管游说，以及附随的政治献金。进行公共事务管理似乎是一个有利可图的方法，通过这种方法可以了解到企业如何对机构和利益相关者的需求做出回应或者改变，从而履行或转变自己的社会责任。议题管理这一概念有时被等同于公共事务，有时则更为广义，包含了各种利益相关者的参与行为（Wartick and Mahon，1994）。

公司的做法可以由政策推断出来，也可以直接观察到。公司制定惯常的做法需要资金、时间、精力和培训，因此自然成为那些致力于寻找企业社会绩效与财务绩效之间关系的学者们的研究目标。还有更好的理论可以解释为何人们还在继续扩大并改进这一领域的研究。汤普森（Thompson，1967）提出了大量关于企业缓冲、平整及衔接活动的观点。总而言之，他认为公司会努力保护其核心技术（即反映公司核心竞争力的实际生产过程）不受外部环境的干扰。应当指出的是，所有反应过程都是跨越边界的过程而不仅仅是技术层面的核心过程，因而，反应过程的最终目的是帮助企业适应不断变化的环境条件和压力，谋得生存。当人们更注重这种跨越边界的过程时，就可以更多地了解企业社会绩效在实际中是怎样产生的。

三、关于企业社会绩效结果和影响的实证文献

从某种意义上说，结果和影响是企业社会绩效的全部内容。正如我们在前面部分看到的，有大量研究成果都把企业财务绩效作为衡量结果的指标。但我们也看到，这种类型的研究从实证角度讲比较复杂棘手，理论上也比较枯燥。然而，这类结果的衡量对于认清商业活动如何惠及和损害股东以及整个社会却是尤其重要的。研究资料列出了在企业社会绩效研究中较为典型的结果和影响的度量。

1. 信息披露

大量以信息披露为基础的研究中引用了一些其他类别的企业社会绩效。事实上，披露可以被看作履行合法性原则和公共责任原则的一个过程，或看作一个回应过程，又或看作一个关系到各类利益相关者的结果。为了说明信息披露可以从几个不同的角度

来审视，我们在这里列出了一些研究成果。

2. 环境成果/影响

到 20 世纪 70 年代末，已经有很多关于污染排放和预防的资料可供美国公司参考，并催生了多项关于企业社会绩效的研究。一些研究人员审查了企业年报中关于自愿减排的内容（Belkaoui，1976；Ingram，1978），但得出的结论在理论上难以解释。其他一些研究以私人非营利机构为依托，如经济发展委员会（1977 年），就曾依据经外部资源核实的企业调查问卷结果公布了污染性能指标。

美国环境保护局发布的有毒物质排放清单（TRI），1986 年通过了紧急规划和社区知情权法，1987 年开始正式实施，其间历经了许多次修订和改正，主要包括化学成分，报告时间及其他关键变量的修正，因此每年的结果很难放到一起作比较。此外，有毒物质排放清单由企业自我报告，其结果可能往往只是估计值而非实际测量值。同时，对于虚假申报或漏报也没有任何相关处罚（Scorse，2005）。不过，这个清单显然对减少有毒物质排放量有着积极影响。目前，在一些研究中，学者用有毒物质排放清单资料代替企业社会绩效，或是将其作为衡量企业环保表现的独立标准。

欧洲联盟污染排放登记（EPER）为欧洲公司提供了类似于有毒物质排放清单的文件。苏利文和高德森（2007）认为，尽管这个文件有缺陷，而且存在跨国差异性，但它仍是可获得的最好的污染排放资料，应该将其标准化以实现各国资料的可比性。由于排放会造成实际和潜在的危害，因此排放问题当然也属于企业社会绩效的一个重要领域。所以，更为全面、详细的污染情况资料确实有助于实现更完善的企业社会绩效衡量。

3. 特定的利益相关者

与部分学者的观点相反，沃德没有忽略利益相关者，也没有将她的模型定义为竞争者模型而不是股东模型。然而，沃德没有详细说明哪些具体责任属于哪个特定利益相关者群体，因而其1991年的文章仅仅是承认股东对于企业社会绩效的衡量很重要，但在这个理论上并没有什么重要的贡献。多年来，学界一直在争论企业社会绩效和利益相关者理论是否冲突，这实际上是徒劳且不合逻辑的。利益相关者的反应在沃迪客和科克伦（1985）以及沃德（1991）的企业社会绩效模型中得到了体现，也隐含在了卡罗尔（1979，1991）的社会责任金字塔模型中。

利益相关者作为企业社会绩效框架的一个清晰的附加，使我们能够回答这个问题："企业究竟对谁负责？为什么？"

沃德和琼斯（Wood and Jones，1995）改进了乌尔曼于1985年在企业社会绩效—财务绩效方面的研究成果，探寻利益相关者方法是否可以用来解释分歧较大的研究结果。在审查了65项运用企业社会绩效方法作为独立变量的研究之后，沃德和琼斯认为，利益相关者在衡量努力程度和在具体确定企业社会绩效与财务绩效之间的关系中，至少扮演了以下四种不同的角色：

（1）利益相关者的预期决定着公司的哪些表现是受欢迎的，哪些是不受欢迎的。

（2）利益相关者受企业行为的影响，也就是说，他们是企业行为和产出的接受者。

（3）利益相关者评价公司的表现是否达到了人们的期望，以及企业行为是如何影响同一环境中的各类组织和群体的。

（4）利益相关者从自己的利益、期望、经验和评价出发采取行动。

上述不同的角色表明研究中存在着多种衡量策略。弗里曼和里德（1983）指出，不同的利益群体对于企业行为和结果的期望，在群内或不同群体之间可以不一致，甚至可以是互相矛盾的。沃德和琼斯（1995）发现，只有对那些能对企业利润施加直接影响的利益群体（尤其是顾客），才会出现企业社会绩效与财务绩效正相关的关系。

4. 客户、消费者的结果、影响

作为一个非营利性公益组织，由艾丽斯·泰珀·马林（Alice Tepper Marlin）于 1968 年创立的经济发展委员会首先提出了将顾客纳入企业社会责任的理念。反映这一理念的著作有《公司导引：一个社会化的视角》（祖侃德，1974）、《给美国公司意识打分》（林德伯格等人，1986）等，这些著作探讨了企业是否尽力履行了社会责任。《购买新世界》（CEP，1988）一书也反映了这一理念，书中为消费者提供了一个方便的品牌产品指南用以评价公司的社会绩效。这些成果的目的主要是使客户拥有帮助他们做出合理购物决定的信息，不管该信息对于这些客户群体是否真正有价值。

对与客户相关的结果的测量和对影响的测量，采取了两种截然不同的路径。一个路径采用各种感性上的和主观上的识别，另一个路径则采用诸如安全召回、虚假广告或违反产品相关规定等客观指标。

确立一个衡量顾客对于企业社会绩效态度的标准，可以为企业社会绩效和财务绩效之间的关系提供佐证，同时也有助于阐明消费者对于结果的评价。保罗等人（1997 年）提出并验证了测量消费者对企业社会绩效敏感程度的 11 项量表（CSCSP）。这项成果在态度衡量过程中排除了社会期望偏差因素，旨在将顾客对于企业社会绩效的态度与顾客的实际购买行为联系起来。保罗指出，另外一项在英国和南非开展的研究表明，CSCSP 量表的 11 个项目中有两项可能仅适用于美国消费者（这篇文章一个值得注意的特点是，作者回顾了 20 世纪 70 年代和 80 年代营销领域的研究，以提出企业社会责任、企业社会绩效的消费者态度审查量表）。后来的一项研究（Giacalone et al., 2005）发现，积极心理（希望、感激、灵性和创造性）的几种性格特点与企业社会绩效敏感程度 11 项量表之间具有可预测的关系。美吉和舒伊特（2005）证明企业社会绩效敏感程度 11 项量表适用于荷兰消费者，也证明了尽管这 11 项指标仅仅是最日常的或最不重要的因素，而不是购买的真实动机，但其方法还是较为可靠的。也就是说，消极的企业社会绩效敏感程度 11 项量表可以预测出顾客的不购买决定，但积极的 11 项量表并不能预测顾客的购买决定。

其他研究人员从各个角度研究了客户对企业社会绩效和财务绩效之间关系的影响。由于美国监管方面的要求，一些客观的数据是可以获得的，例如，食品和药物管理局的召回情况和企业违规情况，虚假或误导性广告的罚款，银行贷款的歧视性做法，汽车安全召回，等等。然而，令人惊奇的是，这些数据并没有被应用于企业社会绩效研究，而这正是一个可以随时填补的缺口。同样的，欧洲公司也可获得相应的类似数据。

伦德－希尔等人（2008 年）进行了一项关于饮酒知识的启示性研究，研究以澳大利亚成年人为样本。伦德－希尔等人认为，酒类制造业如果没有对公众进行教育，那么行业发起的"负责任地饮酒"运动将不会带来更高的企业社会绩效。成人根本没有足够的信息来知晓"负责任"的饮酒量应该是多少。这项研究强调了利益相关者的认识就像一条双行道，这一点很重要。企业不能想当然地认为利益相关者具备足够完备的认识来指导自己的行动。

皮沃通等人研究了购买有机食品中的顾客信任问题，并把顾客信任作为企业社会绩效和财务绩效的中介。研究发现，顾客信任确实影响着购买决策。同时，他们强调了顾客知识的重要性，指出消费者必须了解公司的社会绩效，通过顾客信任建立起企业社会绩效和财务绩效之间的正向关系。

舒勒和考丁（2006）建立了"企业社会绩效—财务绩效"模型。在建立模型的过程中，他们除了采用顾客知识（所谓的"信息强度"），还采用了消费者的道德观念作为中介变量。他们预测，企业社会绩效的信息强度的确会影响消费者对公司的态度，但是道德观念才是影响顾客购买决策的决定性因素。考虑到如果一个人的价值观指导他以某种方式行事，那么任何信息都无法扭转他的行事方式。从这个角度讲，舒勒和考丁的观点确实是有道理的。

员工结果和影响。我们有时用对员工满意程度的衡量来代替企业社会绩效评价，但事实上，我们没有理由认为员工满意程度是一个有效或可靠的衡量企业社会绩效的标准。朗哥等人（2005）通过检验可否将一系列与雇员有关的问题作为衡量企业社会绩效的指标，对这一方法进行了拓展。这些问题包括：员工的健康和工作安全，工人技能培养，福利和职工满意度，工作质量和社会公平，等等。[①] 艾步如等人（2005 年）使用类似的方法，发现葡萄牙企业专注于自己在外部社会领域的表现，而忽视了内在的员工需求和想法。[②]

格雷宁和特班（2000）将信号理论和社会认同理论相结合，

---

① 转引自 Jamali，2008 年，第 217 页。
② 转引自 Jamali，2008 年，第 217 - 218 页。

假设公司将利用其企业社会绩效活动以吸引高素质求职者。实际上，在这篇理论性文章之前有一篇更早的实证研究论文，阐述了企业社会绩效和企业声誉之间的正相关关系，并指出这种正相关关系对员工招聘有着积极的影响。里卡丹等人（1997 年）首先提出了一个理论，即企业形象有助于协调两个独立变量之间的关系。其中一个变量是对管理层和董事会的评价和满意度；另一个变量是工作满意度，可以用它来预测员工跳槽的概率。然而，他们的数据表明，与员工眼中的企业形象相关的是对管理层和董事会的评价，而不是对其的满意度；同时，对管理层的满意度会直接影响员工的工作满意度，二者呈正相关关系。此外，格雷宁和特班还发现，企业形象和员工离职意向之间存在直接或间接的联系。艾尔兵戈和弗里曼（2000）发现，较高的企业社会绩效有助于企业吸引那些自身有着较高择业要求的员工。但对于那些技术不太熟练的、教育水平不高的或是缺乏经验的求职者，企业社会绩效显然发挥不了什么作用。

在一项有趣的带有暗示性的研究中，莫里斯（1997）审查了利益关系管理（基本与沃德提出的企业社会回应过程中的具体例子相一致）与员工对企业社会绩效和企业社会责任的期望、态度和看法之间的关系。她构建了一个用来衡量利益关系管理的规模和实施强度的框架。董事会中道德委员会的设立就是一个利益关系管理的例子，首先委员会作为一个活跃的公共事务机构，严格敦促企业遵守行为准则，致力于公共事务。莫里斯在调查了112 家美国公司的管理者后，了解到利益关系管理无论是从数量上还是从强度上都对受访者的期望有着积极影响，他们期望良好的企业社会绩效将"带来有益的结果，如公司的长期盈利，良好的公众形象和声誉以及政府监管的规避等"。

其他学者也研究了员工和企业社会绩效关系的具体细节。范博仁（2005）对企业社会绩效模型进行了一次重要的修正，提出要关注员工问题。考利等人（2001）提供的证据表明，公共事务管理的行为可能会给利益相关者（主要是雇员）带来意想不到的结果。沃多克和格雷乌斯（1997）报告称，良好的企业社会绩效，尤其是反映在对雇主、雇员和顾客的良好待遇上的企业社会绩效，常会为企业的管理层带来更高的质量评级。

对员工结果的影响的测量还有很多值得研究的地方。比如裁员和关闭工厂给员工带来的心理影响，这一点很多文献都提到过，但在企业社会绩效研究中却几乎没有涉及。企业按政府规定披露的信息过少，如工人安全纪录、歧视性诉讼和管理部门投诉、工作中妇女和少数民族比例等。还有一些更为典型的内容，比如 KLD 这样的综合评级内容。有些企业社会绩效研究运用了这种客观标准，但还有很多探索原因变量与员工结果和影响之间的相关性的更有意思的研究有待完成。

供应商结果和影响。供应链管理最开始是作为回应性的利益相关者管理措施而出现的。这一领域中，企业社会绩效研究的下一步是开始记录企业采取的供应商策略所带来的结果，并把该结果写入将在其他领域出版的相关文献。例如，获得供应商的做法尽管是一个众所周知的战略，但却不能带来任何企业社会绩效的结果。全球供应链问题（如产品安全和信息透明度）、雇用童工和企业的其他剥削行为，以及全球采购的经济发展问题，都值得在企业社会绩效研究中加以考虑。

犯罪行为。大多数与企业社会绩效有关的研究在研究企业的犯罪行为时，都把对于犯罪行为、违规行为或可能导致犯罪诉讼的事件公告作为用来判断股票的价格预期与实际股价的"事件"。但是，有一篇启示性的文献阐述了企业犯罪和揭发检举之间的因果关系和相关性（Baucus and Baucus, 1997；Baucus and

Dworkin, 1998; Baucus and Near, 1991)。还有文章揭露了如会计舞弊或 2006 年的股票期权倒签等的公司丑闻,但是这篇文章却被研究企业社会绩效的学者们忽略了。

声誉是最早用来替代企业社会绩效的指标之一。《商业和社会评论》的创始人和资深编辑米尔顿·马可维茨提供了企业社会绩效最好的和最差的阶段性企业排名。《商业伦理》杂志也连续几年刊登了前 100 名优秀企业名单,依据的是一系列企业社会绩效衡量指标。这些早期的声誉排名偶尔用于研究,但这个排名总体上说是评级者个人的观点,不能作为有效可靠的 CSP 衡量依据。

财富杂志的排行榜在 20 世纪 80 年代中期获得了企业社会绩效研究者的普遍青睐。年度"最受尊敬的企业"排名是一个综合声誉测评结果,测评过程中需要金融分析师和高级管理人员在许多方面给企业评分,包括"社会责任和环境责任"这样的单一指标。

1995 年,学术期刊《商业和社会》上刊登了一期特别论坛,讨论人们对于用《财富》杂志"最受尊敬的企业"排名替代企业社会绩效评价的看法。文章指出,有一个"财务光环"凌驾于评级之上;文章还提供了一个"修正"数据库,为今后的研究做准备。布朗和佩里的另一篇文章详细说明了其原理和方法,这篇文章于 1994 年刊登在《管理学会杂志》上。对布朗和佩里的四种不同评价也发表在了论坛上。叟德曼(1995)指出,《财富》的调查是为了提高杂志的声誉,而不是对管理学的贡献。叟德曼还引证了其他数据库,包括《经济学家》杂志的排名、KLD 数据库、临时选举委员会以及其他机构发布的社会投资信息,但他认为这些资料也有自身的缺点和不足。他总结到,研究人员应当慎用修正后的《财富》排名。劳革斯顿和瓦提克(1995)

赞扬了布朗和佩里在修正《财富》排名方面的努力；他们指出，人们应当意识到无论是修正过的还是未经修正的《财富》排名，都仅仅代表商界的判断，研究人员收集其他利益相关者的观点，使企业社会绩效衡量尽可能全面。但是，《财富》排名还有其他用途和价值。最后，鲍科斯指出，对可靠性和有效性受到质疑的《财富》排名进行修正，其最终结果仅仅是使一个本来就不科学的衡量方法更长久地存续下去。沃德（1995）在对特别论坛的介绍中谈及了《财富》排名："在我们看来，这种由 CEO、其他高级管理人员和金融分析师得出的评级结果，其本质上对于任何客观的衡量本身是一个致命的打击。这看起来就像是在问狐狸它们如何照料鸡舍一样。《财富》数据不能也不应该被用作真正衡量企业社会绩效的手段。但是，作为反映一个公司社会表现和环境表现的指标，《财富》数据还是有着潜在用途的。"

斯瓦考乌斯基和菲格雷维茨（1997）发表了一篇对于《商业和社会》杂志特别论坛的详细评论，他们指出，虽然《财富》数据作为衡量企业社会绩效的标准本身存在缺陷，但试图去除设想中的财务光环的做法可能同样是错误的。他们建议，研究人员应该追求一个"卓越的光环"实现的可能性，改变评级者对于企业社会绩效和财务绩效的观点。他们还呼吁建立一个更复杂的方法来解决企业社会绩效衡量问题，以及企业社会绩效与财务绩效之间关系的问题。

社会在利益相关者价值体系的大环境中，通过各类利益相关者来评判企业行为和动机。由于价值体系中存在着太多的差异，一定程度上人们总是把利益相关者对公司的影响同公司的声誉合并到一起。只有在这个高度抽象的水平上，那些主观资料才有用途。也只有在相同的抽象水平上，对于这些主观资料的诠释才能更贴近事实。因此，当研究人员认为社会绩效与财务绩效呈现出正相关抑或负相关的关系时，他们同时也应意识到，这样一个简单的结论只能是普遍性的结论，它掩藏了那些复杂的、潜在的深层次联系（Szwajkowski and Figlewicz, 1997）。

声誉更多是被用作一个独立变量而非结果变量或因变量，当声誉体现在《财富》"最受尊敬的企业"排名中的时候更是如此。然而，比起把声誉和财务绩效衡量联系起来的做法，把声誉当作一个中间变量显得更为恰当。例如，声誉可以作为产品质量安全和消费者满意度的中介变量。

对于企业的其他成果和影响。总的来说，很多评价企业行为结果的研究是用来测试或好或坏的行为对于股价或财务绩效衡量的影响的。前文中已经提到过大量此类研究。这些研究的侧重点实际上是企业本身，而非受企业影响的利益相关者。

第四节　结　论

应当指出的是，现在研究企业社会绩效的学者们面对的部分难题是，他们在实际中显然无法获得有效的数据。公司有充分的理由掩盖其对数据的管理行为，不对其过程中产生的结果进行信息披露。很显然，一些公司提供的信息是具有完全操纵性质或带有欺骗性质的。然而，还是有许多公司尽力表现着它们诚实的意图，这些公司有着较高的透明度，提供更为详尽完善的监管和合规报告，反映了违反监管、安全问题、产品召回和违法行为等可能的情况。此外，学者们开始能够获取新的资料来源，例如SA8000 数据和标准、全球契约，以及全球报告倡议组织的数据。

从这项研究中得出的第一个主要结论是，尽管企业社会绩效和财务绩效之间的关系模型目前存在着衡量方法和理论方面的问题，但总体来说已经相当完善。应用计量技术计算的结果表明，企业社会绩效和财务绩效之间确实存在着正相关关系。总之，公司良好的绩效会带来更高的底线，不好的绩效则很可能导致财务损失。特定变量之间的关系和因果问题仍待解决。但正如我们第二个和第三个结论中指出的那样，这也许不会成为本阶段后续研究中最有成效的途径。

第二个结论是，大量企业社会绩效的实证研究都着眼于各种"社会责任"（或不履行责任）行为给企业自身带来的结果，不仅包括财务绩效，还包括声誉、创新、需求资源的可得性，等等。这是完全可以理解的，因为大多数研究企业社会绩效的学者的培养地——商学院，只以公司为着眼点，而不关注究竟什么是企业社会绩效。企业社会绩效的本质说明，如果企业对于利益相关者的影响不大于对社会的影响，那么至少对二者的影响程度是一样的。

消费者是如何因虚假或误导性广告受到损害、员工如何受益于现场日托、员工文化如何受到集体诉讼歧视案件或受到挑衅行为的影响、不同的利益相关者如何回应社会和环境信息披露、癌细胞群与有毒废物排放有着怎样的关系、企业如何试图减少自己的用碳量等……，这些课题通常都没有以企业社会绩效的名义进行研究。这是企业社会绩效研究的一个重大失败，同样也是一个机会。企业社会绩效的全部理念是识别和评估企业社会关系的影响。现在我们的研究重点应由关注企业社会绩效如何对企业产生影响，转变为关注企业社会绩效如何对利益相关者和社会产生影响。

第三个结论是，目前人们对于企业社会绩效的认知实际上已经远远超出了我们自己的想象，它只不过是没有被称作"企业社会绩效"而已。大量的相关文献对商业活动的原则、过程和给利益相关者带来的结果（无论结果好坏）进行了阐述，但是我们没有把这些内容归入企业社会绩效的领域。

企业社会绩效研究人员为他们跨学科的研究方法而自豪，但这也恰恰是企业社会绩效文献自身最大的缺陷所在。许多其他领域和学科，如利益相关者理论、企业与政府的关系、商业道德、哲学、战略、组织行为学、市场营销、人力资源、法律、公共政策、人类学、社会学、心理学、政治学、历史学、医学、传染病学、环境研究、工程、经济学，等等，都可以为企业社会绩效研究提供帮助。研究企业社会绩效的学者需要齐心协力，在相关研究中吸纳各种最佳的思路、方法和结果。

重新关注企业与利益相关者、社会之间的关系，跨越"企业社会绩效"的学科壁垒，这正是我们当前需要做的。只有这样，我们才能发展和维护企业社会绩效的学术研究，去探索那些对公司管理者和利益相关者真正有价值的结果。

第三章

民营企业社会责任研究

第一节　经济理性与制度规范：民营企业 慈善捐赠的动机研究

近年来，企业的慈善行为日益成为我国社会所关注的重大问题，国内企业也逐步认识到慈善行为的重要性。据 2010 年 11 月 2 日中国社会科学院公布的 2010 年《慈善蓝皮书》，2009 年我国社会捐赠量达 332 亿元，比上年增长 3.5%。特别值得关注的是，民营企业在慈善事业中扮演着举足轻重的角色。2010 年发布的《中国慈善企业排行榜》显示，2009 年捐赠额超过百万元的民营企业有 282 家，占慈善企业总数的 62.9%。在捐赠总额前 10 名的上榜企业中，民营企业就占了 5 个席位。过去，"民营企业"常常被认为是"为富不仁"或者"缺乏社会责任感"的代名词。现在，它们为何又成为中国慈善事业的主力军了呢？民营企业进行慈善捐赠的动机是什么？是单纯地为了回馈社会、履行社会责任，还是迫于经营环境的压力，抑或是受到某些经济利益的驱动？对于这些问题，目前为止还没有明确的答案。

企业的慈善行为既是一种社会活动，又是一种经济活动。企业慈善在中国的发展轨迹很独特，其捐赠动机与欧美国家的企业也不尽相同。尽管现有的研究从不同角度考察了中国企业的慈善捐赠行为，但其深度和广度还远远不够。企业慈善的经济动机与制度环境的影响机理也不明确。主要表现为：

（1）国外关于企业社会责任和慈善捐赠的研究已经形成了比较完善的理论体系。但由于我国社会制度条件的独特性，这些研究对我国企业慈善捐赠的研究只能起到指导性的作用。具体的企业慈善行为研究的理论体系还需要重新搭建。

（2）由于数据的可得性，国内外关于中国企业慈善捐赠的研究大都基于灾害事件角度或者上市公司角度。目前还没有看到大样本的从非上市民营企业角度进行的慈善研究。

（3）国内外的文献还没有看到系统的关于中国民营企业慈善捐赠的动机和影响因素方面的研究，即从民营企业的经济理性与适应制度环境角度研究其慈善捐赠的动因。

（4）经理人效用是解释企业慈善捐赠行为的一个流派。国内关于这方面的研究还很有限。目前，没有证据表明中国民营企业家的人力资本和政治背景如何影响本企业的慈善捐赠。

本章以我国非上市民营企业为研究对象，系统地研究了民营企业进行慈善捐赠的动机。我们发现经济实力较强的企业慈善捐款数目相对较大，但是其目的不单纯是为了帮助他人、回馈社会。我们的研究结果显示，民营企业家为提升个人的社会声誉、积累政治资本而参与慈善捐赠。我们还发现，民营企业的慈善捐赠能起到类似于灰色支出的作用。这说明，慈善捐赠活动在一定程度上被民营企业当作获取当地政府支持、拓宽融资渠道的一种手段。这种情况在经济金融和法律制度环境欠发达的地区更为明显。

我们的研究首先拓展了现有文献。目前，国内针对企业慈善捐赠的研究尚处于起步阶段，并大都基于上市公司披露的捐赠数据。作为慈善事业中坚力量的民营企业，由于相关慈善捐赠的数据难以取得，对于其慈善行为的大样本研究仍属少见。而我们的研究填补了这项空白，为社会各界了解民营企业的慈善捐赠情况提供了学术基础。另外，我们的研究也能够帮助相关政府部门了解目前民营企业参与慈善活动的经济动机，为它们将来制定更有针对性的鼓励民营企业慈善捐赠的方针政策提供指导，从而使民营企业慈善事业向着健康且可持续的方向发展。这对于日益重视民生和社会和谐的中国来说，无疑是尤为重要的。

一、国内外研究现状及发展动态分析

关于企业慈善行为的动机，国外文献主要有三种观点：利他的观点、利润最大化的观点、政治和制度环境力量的观点。第一种观点认为，企业纯粹为了帮助他人、回馈社会而做慈善（Sharfman，1994；Useem，1984）。然而，这种观点忽略了企业追求利润最大化的特性。第二种企业慈善的利润最大化观点认为，只有在短期内能给企业带来直接的经济利益，企业才会做慈善。如美国企业可以通过慈善活动达到节税的目的，从而带来更高的效益（Galaskiewicz，1985）。作为第二种观点的延伸，第三种政治和制度环境力量的观点认为，企业的慈善活动并不单单出于短期的、直接的经济回报的考虑，更主要的是受到某些长期经济利益的驱使。例如，企业通过慈善活动可以与政府建立良好的关系，便于从政府那里得到一些商机。企业的慈善行为有时甚至能够影响政府的决策，从而让企业躲避管制、得到更好的保护

（Neiheisel，1994）。施莱弗和维时尼（1994）指出，政府与企业之间存在政治利益换取经济利益的"交易"：企业向政治家们青睐的项目捐款，以换来更多的银行贷款或更好的投资机会。同样，在美国，个人和利益集团为竞选捐钱，以求在被捐助人当选后获得回报，如税收豁免和监管规避（Snyder，1990）。在中国，苏和何（2010）发现，处于弱势地位的民营企业用捐赠来获得与政府更密切的关系和更好的产权保护，以拓展企业生存和发展的空间，从而提高其盈利水平。他们发现这种关系在不发达的省份更为显著。马和帕雷士（2006）在关于中国民营企业慈善捐赠的研究中提出，在目前的管理体制及非营利组织发展尚不成熟的客观背景下，政府给予民营企业家一定的政治头衔，以提升他们的社会声誉，从而提高他们慈善捐赠的积极性。哈雷（1991）和盖拉斯基维茨（1997）也发现，经理人的社交网络越大、社会地位越高，企业的慈善捐赠额也越多。

对于企业是否能够从慈善活动中获得直接的经济利益，国内的学者也进行了一系列研究。例如，朱金凤、赵红建（2010）以沪市 A 股 2006 年 689 家上市公司为样本，发现国有控股企业的捐赠水平高于非国有控股企业。但是，他们的结果显示企业的捐赠行为并没有给企业带来直接的财务上的回报。他们认为，这主要是因为企业的捐赠多是"被迫"的，并没有与企业的发展战略或商业利益联系起来。王亚妮、蒋学洪（2010）也有类似的发现。关于市场对企业捐赠活动的认同度，石磊、魏玖长、赵定涛（2010）研究了 5·12 汶川地震后我国沪深 257 家 A 股上市公司的捐赠行为对股票价格的影响。他们发现，整体而言，公司的灾难捐赠行为会对股票价格产生负面影响。李敬强、刘凤军（2010）也做了类似的研究，发现如果企业的捐赠行为是非自愿的或者是消极的，则市场的反应是负面的。只有积极主动的慈善捐赠才能被市场认可，起到提升品牌形象、增加企业价值的作用。山立威、甘犁、郑涛（2008）对汶川地震后我国 1 524 家 A 股上市企业的捐款动机进行了实证研究。他们发现业绩好的公司的捐赠数量相对较多。同时，他们的研究结果显示，那些产品直接与消费者接触的公司，如隶属于日用品、食品、服装制造业、金融、运输、服务等行业的公司，捐款数量较大。他们认为，这说明捐赠行为能够起到广告效用，提高公司在消费者心目中的社会地位。樊建锋、田志龙（2010）从公司治理角度对中国上市公司的治理结构因素与慈善捐助数量间的关系进行研究，他们发现，股东对经理层的监督越弱的公司捐赠数量越多。他们认为，这表明企业的经理层利用慈善捐助来获得非金钱收益。

二、研究假设

企业捐赠的多寡是由其自身的经济实力决定的。盈利能力强的企业被认为理应积极参与慈善活动，承担更多的社会责任。许多实证研究文献也发现，企业的盈利能力与企业的慈善捐赠呈正相关关系（Adams and Hardwick, 1998；Crampton and Patten, 2008；山立威、甘犁、郑涛, 2008）。因此，我们认为中国民营企业的慈善捐赠行为也应该受到企业自身的经营状况和历年的财富累计的制约。

假设 3.1：盈利能力高的民营企业更倾向于慈善捐赠。成立年限久的民营企业也应留存了较多的利润，更倾向于慈善捐赠。

在我国的民营企业中，企业家是企业的灵魂，而企业家自身的情况也决定着本企业的慈善捐赠战略。许多民营企业家同时担任着各级人大代表或者政协委员。我们认为，为提升个人的社会声誉、积累政治资本，他们更倾向于参与慈善捐赠。

假设 3.2：如果企业负责人担任人大代表或者政协委员，那么该企业更倾向于慈善捐赠。

受计划经济和市场保护体系发展缓慢的影响，我国民营企业经营过程中常会遇到许多困难。灰色支出是民营企业获得有利资源，包括银行贷款、行业准入许可和政府补贴等的常用手段之一。蔡、方和徐（2009）在世界银行对中国企业进行的调查的基础上，研究了企业灰色支出对企业建立政治关联的影响。他们发现，在经济相对落后的地区，灰色支出的大小与企业的经营表现正相关。苏和何（2010）的研究也表明，慈善捐赠行为是民营企业在制度资源受限条件下帮助自身在弱势形势下生存发展的手段之一，即慈善捐赠能够起到类似于灰色支出的作用。我们因此认为，需要更多灰色支出的企业往往慈善捐赠金额也相对较多。

假设 3.3：灰色支出越多的企业，慈善捐赠额也越高。

由于我国各地区之间制度环境差异巨大，这对民营企业慈善捐赠行为也会产生影响。苏和何（2010）发现，在中国欠发达地区和法律保护较弱的地区，慈善行为对企业绩效的影响较为显著。因此，我们认为，经济金融欠发达、法律制度环境不太完备地区的民营企业更需要通过慈善活动来拓展自身的生存发展空间。

假设 3.4：经济金融和法律制度环境欠发达地区的民营企业，更愿意进行慈善捐赠。

长期以来，中国的民营企业一直受到融资难的困扰。尽管过去 30 年民营经济快速发展，但民营企业仍然处于弱势地位。而慈善捐赠行为是民营企业在制度资源受限条件下帮助自身在弱势形势下生存发展的手段之一（Su and He，2010）。慈善行为给民营企业提供了更多与政府、国有银行、国有企业高管等接触的机会，从而有利于民营企业获得贷款。同时，根据以往的研究，民营企业的灰色支出与企业家的政治资本在民营企业贷款时也能起到类似的作用（Bai, Lu and Tao, 2006）。因此，我们认为，同样作为企业获取贷款的手段，灰色支出和企业家的政治资本所起的作用，在一定程度上与慈善捐赠活动互为补充。

假设 3.5：慈善捐赠额较大的企业能够获得更多的银行贷款，尤其是国有商业银行的贷款。在争取一定量的银行贷款时，如果企业有灰色支出或者企业家拥有一定的政治资本，则企业不需要过分依赖慈善捐赠活动。

三、研究数据与结果

我们以 2008 年初由中共中央统战部、中华全国工商业联合会、国家工商行政管理总局和中国民（私）营经济研究会联合组成的私营企业研究课题组进行的全国性的针对中国私营经济的大型抽样调查数据为样本。被调查企业是来自全国 31 个省、市、自治区的民营企业。样本调查方法采用分层随机抽样法。问卷调查具体调查步骤为：首先，明确被调查的民营企业总体数量。其次，在全国 31 个省、市、自治区中挑选出 6 个市或者县，其中包括 1 个省会城市、1 个地级市、1 个县级市和 3 个县。再次，确定每个区域被调查的民营企业的数量占国家总体企业的比例，再用相同的方法确定每个市或者县或者经济部门中样本公司的数量。最后，在确定了每一个子样本中民营企业的数量后，对这些民营企业进行随机抽取。调查方法为访谈民营企业的负责人。调查问卷中的问题是关于企业基本情况、基本财务情况、企业家家庭背景、个人信息和职业历史情况。更重要的是，调查涉及了企业慈善捐赠的信息。

　　由于金融行业的企业与其他行业的企业在经营方式和财务信息披露上有较大差别，因此，我们将这些企业从研究样本中剔除。我们还剔除了缺少诸如总资产、销售额、慈善捐赠等关键信息的公司。最终，我们的有效数据包括 2 366 家民营企业，其中 2 032 家（85.56%）民营企业自登记注册以来曾有过慈善捐赠。2007 年有过慈善捐赠行为的民营企业达 1 425 家（60.00%）。为减少极值对结果的影响，我们对自变量在 1% 和 99% 上截尾。

　　表 3-1 是对被调查企业慈善捐赠情况、公司的基本情况和企业家基本情况的描述①。2007 年，民营企业的平均慈善捐赠金额为 6.37 万元，约为其当年销售额的 1%。我们用"ROA"，即税后净利润/总资产，来衡量企业的盈利能力。公司年限是指从登记注册为私营企业的年份算起至 2008 年的年数。"政府投资"是一个虚拟变量，有各级政府或国有企业投资的则设为 1，否则为 0。"银行贷款 > 总贷款额的 30%"是一个虚拟变量，银行贷款额超过总借贷金额的 30% 的则设为 1，否则为 0。资料显示，约 44% 的民营企业有一定量的银行贷款。"国有银行贷款 > 总贷款额的 30%"是一个虚拟变量，国有银行（工行、农行、建行、中行）贷款额超过总借贷金额的 30% 的则设为 1，否则为 0。从表 3-1 中我们可以看到，25% 的企业能够获得相当数量的国有银行贷款。"灰色支出"是一个虚拟变量，企业有公关、招待费用则设为 1，否则为 0。在我们的样本中，约 23% 的企业有灰色支出。"人大代表"和"政协委员"都是虚拟变量，公司负责人担任国家或地方各级人大代表或政协委员的则设为 1，否则为 0。我们可以看到，20% 和 10% 的民营企业家分别担任人大代表和政协委员。

---

　　① 关键变量的定义可参见附录。

表 3 – 1　　　　公司捐款、公司特征及企业家特征描述

变量	变量数	标准差	均值	最小值	25%值	中位数	75%值	最大值
公司捐款								
总捐款/2007 年销售额	2 366	0.08	0.03	0.00	0.00	0.00	0.01	0.64
总捐款（万元）	2 366	109.38	37.80	0	0.2	3	20	800
2007 年捐款/2007 年销售额	2 366	0.01	0.01	0.00	0.00	0.00	0.00	0.10
2007 年捐款（万元）	2 366	18.06	6.37	0.00	0.00	1.00	3.00	128.00
公司特征								
ROA	2 366	0.43	0.19	− 0.33	0.01	0.06	0.19	3.00
总资产（万元）	2 366	4 940	2 193	5	80	400	1 864	30 732
公司年限	2 366	4.73	8.75	1.00	5.00	8.00	11.00	31.00
资产负债率	2 366	0.26	0.20	0.00	0.07	0.36	0.94	
银行贷款 > 总贷款额的 30%	2 366	0.50	0.44	0.00	0.00	0.00	1.00	1.00
银行贷款（万元）	2 366	2 974	706	0			300	90 834
国有银行贷款 > 总贷款额的 30%	2 366	0.44	0.25	0.00	0.00	0.00	1.00	1.00
国有银行贷款（万元）	2 366	2 534	489	0	0		28	83 019
灰色支出	2 366	0.42	0.23	0.00	0.00	0.00	1.00	
公司投资人特征								
人大代表	2 366	0.40	0.20	0.00	0.00	0.00	1.00	
政协委员	2 366	0.30	0.10	0.00	0.00	0.00	1.00	

注：*、**、*** 分别代表在 10%、5%、1% 水平上显著。

　　下面，我们用多元回归来验证我们的假设。在以下所有报告系数的表中，我们都将修正了异方差的 t 值报告在系数下面的括号里。***、**、* 分别表示 1%、5% 和 10% 的显著程度。另外，我们还在所有的实证模型里添加了行业的固定效应。

　　由于常数项对本书研究的问题无价值，出于节省篇幅的目的，我们没有报告常数项。

　　表 3 – 2 是对公司捐款额的决定因素的回归。模型（1）的被解释变量是一个虚拟变量，2007 年捐款/2007 年销售额大于 0.1% 的设为 1，否则为 0。模型（2）的被解释变量是 2007 年捐

赠额加 1 的对数，Ln（2007 年捐款 +1）。加 1 是为了避免捐赠额为 0 无法取对数的情况。模型（1）使用的是逻辑回归（Logit），模型（2）使用的是最小二乘法（OLS）。首先，我们可以看到，企业的盈利能力（"ROA"）越高、经营时间（"公司年限"）越长，其捐款额也相对越多。这说明民营企业是根据自身的经济实力进行慈善捐赠活动的。这同假设 3.1 一致。其次，表 3-2 还显示，如果民营企业家同时也担任国家或地方各级人大代表或政协委员时，企业的捐赠额也相对较高。这支持了假设 3.2，即这些企业家更倾向于通过企业捐赠来提升自身的社会声誉，从而积累更多的政治资本。

表 3-2　　　　　　　　　　　捐款额的决定因素

	（1） Prob（2007 年捐款额/2007 年销售 >0.1%）	（2） Ln（2007 年捐款额 +1）
ROA	0.609*** （4.66）	0.584*** （11.38）
Ln（总资产）	0.002 （0.07）	0.270*** （18.87）
公司年限	0.049*** （5.02）	0.017*** （3.90）
资产负债率	-0.144 （-0.81）	0.175** （1.96）
人大代表	0.294** （2.52）	0.379*** （5.72）
政协委员	0.294** （2.03）	0.299*** （3.36）
样本数	2 366	2 366
R^2/Pseudo R^2	0.04	0.37

注：**、***分别代表在5%、1%水平上显著。

接下来，为检验慈善捐赠与灰色支出的关系，我们在表 3 -
3 中加入了"灰色支出"这一虚拟变量。结果显示，有灰色支出
的企业慈善捐赠的数量较大。这与假设 3 相一致：企业参与慈善
捐赠活动有拓展生存空间、获取资源的经济动机。

表 3 -3　　　　　　　　　　　　**捐款额与灰色支出**

	(1)	(2)
	Prob（2007 年捐款额/2007 年销售 >0.1%）	Ln（2007 年捐款额 +1）
ROA	0.618*** (4.98)	0.583*** (11.52)
Ln（总资产）	0.072** (2.46)	0.283*** (19.68)
公司年限	0.056*** (5.42)	0.018*** (4.01)
资产负债率	-0.136 (-0.75)	0.177** (2.00)
人大代表	0.303** (2.57)	0.378*** (5.74)
政协委员	0.323** (2.16)	0.302*** (3.39)
灰色支出	1.281*** (11.53)	0.228*** (5.65)
样本数	2 366	2 366
R^2/Pseudo R^2	0.08	0.37

注：** 、*** 分别代表在 5%、1%水平上显著。

为进一步论证前一个观点，我们接着考察各省市地域性差异

对民营企业慈善活动的影响。我们使用了樊纲、王小鲁、朱恒鹏
的 2007 年中国各省区市场化指数中的 2 项指数:"要素市场的发
育程度"和"市场中介组织发育和法律制度环境"。"要素市场
的发育程度"主要考虑的是金融业的市场化、引进外资的程度、
劳动力流动性以及技术成果市场化等指标。"市场中介组织发育
和法律制度环境"综合了律师、会计师从业人口比例,以及市
场对生产者合法权益、知识产权和消费者权益的保护等方面的指
标。在要素市场的发展程度较高、市场中介组织较完备的地区,
民营企业能够获取资源的途径也相对较多。良好的法律环境也在
一定程度上保障了他们在公平、公正的经济环境中进行经营活
动。在这些地区,民营企业不太需要通过慈善捐赠来换取地方政
府的庇护。表 3 - 4 的结果也印证了这个观点,"要素市场的发
育程度"和"市场中介组织发育和法律制度环境"这两个指数
与民营企业慈善捐赠负相关。

表 3 - 4　　　　　　　　　　捐款额与市场的发育程度

	(1)	(2)	(3)	(4)
	Prob (2007 年捐款额/2007 年销售 > 0.1%)	Ln (2007 年捐款额 + 1)	Prob (2007 年捐款额/2007 年销售 > 0.1%)	Ln (2007 年捐款额 + 1)
ROA	0.643*** (4.84)	0.592*** (11.42)	0.657*** (4.89)	0.594*** (11.40)
Ln (总资产)	0.012 (0.43)	0.273*** (19.00)	0.017 (0.61)	0.274*** (19.09)
公司年限	0.053*** (5.31)	0.018*** (4.03)	0.054*** (5.43)	0.018*** (4.07)
资产负债率	- 0.141 (- 0.80)	0.176** (1.97)	- 0.141 (- 0.79)	0.176** (1.97)

续表

	(1)	(2)	(3)	(4)
	Prob（2007 年捐款额/2007 年销售 >0.1%）	Ln（2007 年捐款额 +1）	Prob（2007 年捐款额/2007 年销售 >0.1%）	Ln（2007 年捐款额 +1）
人大代表	0.256** (2.18)	0.369*** (5.59)	0.238** (2.02)	0.366*** (5.54)
政协委员	0.276* (1.89)	0.294*** (3.30)	0.254* (1.73)	0.290*** (3.26)
要素市场的发育程度	−0.046*** (−2.78)	−0.011 (−1.47)		
市场中介组织的发育和法律制度环境			−0.044*** (−3.63)	−0.009* (−1.67)
样本数	2 366	2 366	2 366	2 366
R^2/Pseudo R^2	0.04	0.37	0.04	0.37

注：*、**、*** 分别代表在10%、5%、1%水平上显著。

民营企业主要向民间金融机构或个人借贷资金，一般难以获得国有或股份制银行的贷款。在表3－5中，我们考察民营企业慈善捐赠是否对其银行融资能力起到作用。模型（1）的被解释变量是一个虚拟变量，从国有和股份制银行获得的贷款超过总借贷额30%的设为1，否则为0。模型（2）和模型（3）的被解释变量是国有和股份制银行贷款额加1的对数，Ln（银行贷款额 +1）。模型（4）的被解释变量是一个虚拟变量，从国有银行获得的贷款超过总借贷额30%的设为1，否则为0。模型（5）和模型（6）的被解释变量是国有银行贷款额加1的对数，Ln（国有银行贷款额 +1）。模型（1）和模型（4）使用的是逻辑回归（Logit），其余模型使用的是最小二乘法（OLS）。模型（1）、

表 3 - 5　　贷款能力与捐款额

	(1) Prob（银行贷款 > 总贷款额的30%）	(2) Ln（银行贷款额 +1）	(3) Ln（银行贷款额 +1）	(4) Prob（国有银行贷款 > 总贷款额的30%）	(5) Ln（国有银行贷款额 +1）	(6) Ln（国有银行贷款额 +1）
ROA	-0.027 (-0.19)	0.123 (1.63)	0.122 (1.62)	0.400*** (3.52)	0.210** (2.44)	0.207** (2.39)
Ln（总资产）	0.651*** (15.30)	0.711*** (23.86)	0.712*** (23.47)	0.570*** (14.08)	0.504*** (14.30)	0.505*** (14.06)
公司年限	-0.004 (-0.31)	0.003 (0.36)	0.003 (0.37)	0.003 (0.25)	0.007 (0.67)	0.007 (0.69)
资产负债率	7.289*** (14.75)	6.213*** (32.79)	6.210*** (32.78)	2.879*** (13.35)	3.398*** (14.73)	3.391*** (14.71)
人大代表	0.178 (1.17)	0.375*** (3.41)	0.374*** (3.40)	0.094 (0.68)	0.383*** (2.56)	0.380** (2.54)
政协委员	-0.195 (-1.08)	0.042 (0.30)	0.045 (0.31)	0.079 (0.46)	0.145 (0.76)	0.150 (0.78)
2007年捐款额/ 2007年销售 > 0.1%	0.481*** (3.86)			0.492*** (4.13)		
灰色支出			0.112 (1.17)			0.232** (2.39)
Ln（2007年捐款额 +1）		0.172*** (3.89)	0.192*** (4.04)		0.358*** (5.72)	0.408*** (6.00)
Ln（2007年捐款额 +1）× 灰色支出			-0.130 (-1.61)			-0.318*** (-3.04)
样本数	2 366	2 366	2 366	2 366	2 366	2 366
R²/Pseudo R²	0.48	0.70	0.70	0.28	0.43	0.43

注：**、***分别代表在5%、1%水平上显著。

模型（2）、模型（4）和模型（5）的结果显示，企业捐赠额对银行贷款额有显著的正的影响。这说明慈善捐赠活动能够增加企业银行融资的能力。蔡、方和徐（2009）发现灰色支出也是民营企业获得有利资源的常用手段之一。为考察灰色支出与慈善捐赠是否存在相互替代的作用，在模型（3）和模型（6）中我们加入了"灰色支出"以及灰色支出与捐赠额的交互项["Ln（2007年捐款额 +1） × 灰色支出"]。我们发现，"灰色支出"的系数为正。这说明灰色支出在一定程度上也能够帮助民营企业获得更多的银行贷款。交互项的系数为负，这说明了灰色支出与慈善捐赠活动在民营企业运作贷款资源时存在着相互替代的作用，即慈善捐赠与灰色支出对民营企业起到类似的作用。有意思的是，这种作用在民营企业争取国有银行贷款时尤为显著。

前面的结果显示，民营企业家自身的政治资本也是企业参加慈善捐赠活动的决定因素。他们的政治地位在一定程度上也可能拓展他们的社会关系网、增加企业获取资源的能力。在表3 – 6 中，我们加入了企业捐款活动与企业家政治地位的交叉项（"[2007 年捐款额/2007 年销售 > 0.1%] × 人大代表"和"[2007 年捐款额/2007 年销售 > 0.1%] × 政协委员"）。结果显示，如果企业家是政协委员，他们的企业更能获得银行贷款。企业捐款活动与政协委员交互项的系数为负（"[2007 年捐款额/2007 年销售 > 0.1%] × 政协委员"），说明企业家的政治资本与企业的慈善捐赠在获取贷款资源时能够互相替代，即企业家的政治资本与企业的慈善捐赠在获取资源时起相似的作用。

稳健性检验

为了确定我们的主要结果是可靠的，我们做了一系列的稳健性检验。例如，我们将表3 – 2 至表3 – 4 的虚拟被解释变量替换成2007 年捐款/2007 年销售额大于0.3% 的设为1，否则为0。我

表 3 - 6　　　　　　　　贷款能力、捐款额与政治地位

	(1)	(2)	(3)	(4)
	Prob（银行贷款>总贷款额的30%）	Prob（国有银行贷款>总贷款额的30%）	Prob（银行贷款>总贷款额的30%）	Prob（国有银行贷款>总贷款额的30%）
ROA	-0.026 (-0.19)	0.402*** (3.53)	-0.005 (-0.03)	0.408*** (3.64)
Ln（总资产）	0.653*** (15.29)	0.572*** (14.10)	0.652*** (15.23)	0.573*** (14.05)
公司年限	-0.004 (-0.31)	0.003 (0.25)	-0.005 (-0.38)	0.003 (0.24)
资产负债率	7.287*** (14.75)	2.879*** (13.37)	7.303*** (14.84)	2.902*** (13.42)
人大代表	0.061 (0.28)	-0.059 (-0.29)	0.202 (1.33)	0.108 (0.78)
政协委员	-0.203 (-1.12)	0.072 (0.41)	0.437* (1.79)	0.651** (2.57)
2007 年捐款额/2007 年销售>0.1%	0.436*** (3.10)	0.412*** (2.94)	0.620*** (4.65)	0.638*** (4.99)
［2007 年捐款额/2007 年销售>0.1%］×人大代表	0.231 (0.80)	0.305 (1.19)		
［2007 年捐款额/2007 年销售>0.1%］×政协委员			-1.254*** (-3.61)	-1.092*** (-3.30)
样本数	2 366	2 366	2 366	2 366
R^2/Pseudo R^2	0.48	0.29	0.48	0.29

注：**、***分别代表在5%、1%水平上显著。

们另外还将表 3 - 5 的虚拟被解释变量替换成从银行获得的贷款超过总借贷额 50% 的设为 1，否则为 0。表 3 - 6 至表 3 - 8 的回归结果显示，我们的主要结果没有变化。除了采用 2007 年慈善捐赠额的数据，我们还采用了自企业登记为私营企业以来公益事业捐助的总金额来作为被解释变量，并得到类似结果。为了节省篇幅，我们在此不做报告。

表 3 - 7　　　　　　　对捐款额大于年销售额 0.3% 可能性的回归

	（1）	（2）	（3）	（4）
	Prob（2007 年捐款额/2007 年销售 > 0.3%）	Prob（2007 年捐款额/2007 年销售 > 0.3%）	Prob（2007 年捐款额/2007 年销售 > 0.3%）	Prob（2007 年捐款额/2007 年销售 > 0.3%）
ROA	0.609*** (4.66)	0.618*** (4.98)	0.643*** (4.84)	0.657*** (4.89)
Ln（总资产）	0.002 (0.07)	0.072** (2.46)	0.012 (0.43)	0.017 (0.61)
公司年限	0.049*** (5.02)	0.056*** (5.42)	0.053*** (5.31)	0.054*** (5.43)
资产负债率	- 0.144 (- 0.81)	- 0.136 (- 0.75)	- 0.141 (- 0.80)	- 0.141 (- 0.79)
人大代表	0.294** (2.52)	0.303** (2.57)	0.256** (2.18)	0.238** (2.02)
政协委员	0.294** (2.03)	0.323** (2.16)	0.276* (1.89)	0.254* (1.73)
灰色支出		1.281*** (11.53)		
要素市场的发育程度			- 0.046*** (- 2.78)	
市场中介组织的发育和法律制度环境				- 0.044*** (- 3.63)
样本数	2 366	2 366	2 366	2 366
Pseudo R²	0.04	0.08	0.04	0.04

注：*、**、***分别代表在 10%、5%、1% 水平上显著。

表 3 –8　　　　对银行贷款大于总贷款额的 50% 的可能性的回归

	(1)	(2)
	Prob（银行贷款 > 总贷款额的 50%）	Prob（国有银行贷款 > 总贷款额的 50%）
ROA	0. 062 (0. 47)	0. 437*** (4. 03)
Ln（总资产）	0. 620*** (15. 19)	0. 507*** (12. 75)
公司年限	– 0. 006 （– 0. 42）	0. 013 (1. 05)
资产负债率	6. 472*** (15. 22)	2. 422*** (11. 51)
人大代表	0. 263* (1. 80)	– 0. 055 （– 0. 39）
政协委员	– 0. 202 （– 1. 12）	0. 040 (0. 23)
2007 年捐款额/ 2007 年销售 > 0. 1%	0. 462*** (3. 81)	0. 407*** (3. 41)
样本数	2 366	2 366
Pseudo R^2	0. 45	0. 24

注：*、***分别代表在 10%、1% 水平上显著。

四、结论和启示

本章实证分析了民营企业进行慈善捐赠的经济动机。我们发现，经济实力较强的企业慈善捐款数目相对较大。然而，其目的不单纯是为了帮助他人、履行社会责任，更是受到经济利益的驱使。我们发现，有一些民营企业家是出于提高社会声誉、积累政治资本的目的而参与慈善捐赠的。我们还发现，灰色支出越多的企业，慈善捐赠数额也越大。与此同时，在经济金融环境较成熟、法律制度较完备的省份，民营企业的慈善捐赠数额反而相对较小。另外，企业的慈善捐赠、企业的灰色收入和企业家的政治资本在企业获取银行贷款时的作用相似。这些都表明，慈善捐赠活动在一定程度上被民营企业当作获取当地政府支持、拓宽融资渠道的一种手段。

随着价值观和社会发展观的不断发展，人们对企业提出了新的要求。企业在追求自身利益最大化的同时，也应当承担一定的社会责任。作为经济的重要组成部分，民营企业已成为我国慈善事业的中坚力量。然而，我们同时也可以看到，陈光标式的个人慈善行为并没有成功带动更加广泛的企业参与社会慈善。这是由于企业进行慈善捐赠活动更多地是出于经济利益的考虑。我们建议政府努力为民营企业提供更加良好的营商制度环境，这样才能有效引导企业真正以承担社会责任为目的进行慈善捐赠，使企业为创造更和谐的社会环境而自觉自愿地、积极地投身于慈善事业。

附注：变量定义

变量	定义
Panel 1 公司捐款	
总捐款	自企业登记为私营企业以来，公益事业捐助的总金额
2007 年捐款	企业 2007 年的捐赠额
Panel 2 公司特征	
ROA	税后净利润/总资产
总资产	负债与资本总和
负债	借贷金额总和

变量	定义
资本	资本总数
公司年限	从登记注册为私营企业的年份算起至 2008 的年数
资产负债率	负债/总资产
银行贷款 > 总贷款额的 30%	银行贷款额超过总借贷金额的 30% 的设为 1，否则为 0。
银行贷款	银行贷款额
国有银行贷款 > 总贷款额的 30%	国有银行（工行、农行、建行、中行）贷款额超过总借贷金额的 30% 的设为 1，否则为 0
国有银行贷款	国有银行（工行、农行、建行、中行）贷款额
灰色支出	企业有公关、招待费用的则设为 1，否则为 0
Panel 3 公司投资人特征	
人大代表	公司负责人担任国家或地方各级人大代表的则为 1，否则为 0
政协委员	公司负责人担任国家或地方各级政协委员的则为 1，否则为 0

第二节 慈善捐款：会被银行认为有价值吗

一、引言

道德投资的理念如今已经得到相当多的关注，并且形成了不同形式的伦理共同基金。一些组织，像美国的社会投资论坛以及加拿大的社会投资组织都在推广社会责任投资（SRI）的理念。现在关于社会责任投资的大部分文献主要都是从金融机构（如退休基金、保险公司）的角度来研究的。火花和卡顿（2004）

回顾了社会责任投资的发展历程，并认为社会责任投资已经被保险公司和共同基金中越来越多的大型投资机构作为一种投资哲学而采纳。约翰森（2003）分析了共同基金的社会责任投资以及基金经理们如何在他们的投资组合中挑选证券。斯科特斯（2006）认为金融是经济的润滑剂，它会影响到公司的社会责任以及整个国家经济的可持续发展。海因克尔、克劳斯和策希纳（2001）假设总的投资资本中伦理资金所占的比例可能会引起企业改变它们的行为。

除了退休基金和保险公司，银行是世界范围内主要的金融机构。银行业如何采纳社会责任投资当然就是一个需要回答的有趣问题。在融资事项中，银行的关键行为就是筛查、监控和执行。筛查就是对预期借款人和投资对象信息的收集和处理过程。银行主要关心的是风险与收益的权衡。通过节约信息处理成本，银行提升了其对投资机会的评估效率，进而优化了资源配置。社会利益和经济利益的取得是道德银行定义中两个可接受的特征。史高顿（2009）把社会责任投资看作评价银行业企业社会责任的一个维度。在这份研究中，我们想要探究中国银行业在社会责任投资方面所看重的维度，尤其是不同类型的中国银行如何看待民营企业的慈善行为并以此影响它们的投资决策。

中国的金融机构系统不利于银行信贷资源有效地向民营企业配置。中国银行业的一个突出特征就是国有制的支配地位，这在总体上降低了这些银行的借贷和管理效率。政府的借贷政策有时会对社会借贷总量或者特定行业的借贷量实施直接控制。这些借贷配额形式的政府干预阻碍了借贷决策的效率。阿亚盖雷等人（2010）认为，接受银行贷款的企业比没有接受银行贷款的同等企业成长更快。弗思等人（2009）发现，银行放贷对象是那些财务状况和治理状况相对较好的私营企业。这说明银行在市场细分上采用了商业判断。银行贷款占到了我国企业融资来源总额的 80%。银行的信贷规模相当于国内生产总值的大约 130%（Djankov, McLiesh and Shleifer, 2007）。勒万（2005）认为，相对来说，资本约束对小型新兴的高风险企业的影响更大，资本流向了边际收益最高的企业。结果是，有运转良好的金融系统的国家能减轻这些约束，得到更快的工业增长。艾伦等人（2005）指出，私营企业是中国经济增长的推动力量，但是在获取资源尤其是银行贷款方面却长期受到歧视，长期受到资本约束。通过一项对私企从不同债务融资来源的信贷分配的研究，我们有可能揭示中国的银行业是怎样达到弗思等人（2009）所提倡的信贷分配效率的，以使私营企业能够获得信贷资本。

格斯和罗伯茨（2011）发现，相对于企业社会责任分数最高的企业来说，分数最低的企业在银行债务上要多支付 7~18 个基点。其他学者认为，企业社会责任能提供更好的获取有价值资源的机会（Cochran and Wood, 1984），甚至能够帮助企业开发无形资产（Gardberg and Fomburn, 2006; Hull and Rothernberg, 2008）。利益相关者理论表明，企业社会责任涉及同时管理多种利益相关者的关系，从这个理论观点出发，学者们认为企业社会责任能减轻负面监管、立法和财政行为的可能性（Freeman, 1984; Berman et al., 1999; Hillman and Keim, 2001），或者从具有社会责任感的投资者那里吸引财务资源（Kapstein, 2001）。优秀的企业社会责任表现充分体现了基于共同信任和合作的企业对利益相关者的承诺和共同参与（Jones, 1995）。因此，正如琼斯（Jones, 1995）所认为的，因为委托代理问题的伦理解决方案比用来抑制机会主义的机制更有效率，所以基于共同信任和合作与利益相关者订立合同的企业将会减少代理成本、交易成本以及与团队生产有关的成本。根据琼斯（2005）的观点，这些代理和交易成本包括"监管成本、结合成本、搜索成本、担保成本和残值损失"。此外，通过与商业伙伴建立更好的关系，与利益相关者之间的良好接触能够增加一个企业的收益或者利润，也会为优秀盈利能力的持久性做出贡献（Choi and Wang, 2009）；这些反过来也会提高企业与客户的互动和新产品的开发。换句话说，与利益相关者之间良好的接触有可能会直接限制短期机会主义行为的可能性（Benabou and Tirole, 2010），这种接触也表现为一种与关键利益相关者订立合同的更有效的形式（Jones, 1995），它能增加收益或者利润，而这又是市场回报的结果。

戈弗雷（2005）认为，企业的慈善事业能够在商界和利益相关者之间产生积极的道德资本，减轻利益相关者对企业不当行为的消极评价，因此也会减轻企业的风险。所以，为了所采用理论的一致性，慈善事业是企业社会责任最重要的策略之一。

根据利益相关方参与理论，我们假设，通过在利益相关方中形成积极的道德资本和使企业不容易遭受负面事件的影响，改善的社会性能减少经营风险。因为经营风险是债务融资决策的一个主要驱动，所以它的减少将会使企业更好地获得融资。通过使用一个官方的政府调查的企业级数据，我们发现慈善捐款连同企业其他的经营和财务状况，比如业绩表现和政治关系，在很大程度上决定了中国私营企业是否能获得银行贷款。捐献资金和公司资源可以为企业带来经济回报，企业会因此得到更多的贷款，尤其是来自国有银行以及当地的城市商业银行和信贷合作社。我们的实证研究揭示了一个出乎意料的现象：在一个宽松的制度环境下，中国的国有银行在对制造业领域放贷的决策中会运用商业逻辑以及其他可供选择的机制指标，如捐款数额等。我们的研究结果也体现了中国银行业道德层面上的一些内容，即一些中国的银行在放贷前会对受贷私企的社会责任履行情况进行评估。当我们采用海克曼测试来解决企业社会责任测量的潜在内生性时，我们的发现是稳健的。通过文献可以进一步表明，与股份制银行和城市商业银行相比，国有银行在信贷决策上是最有效率的。

特别地，我们认为慈善捐款可能是动机不明的金融系统中的渠道之一，可以帮助银行做出更有效的信贷决策。我们发现，银行贷款似乎会依据私企的慈善捐助状况和盈利状况来发放。我们的实证研究结果显示，那些有更多慈善捐助行为并且业绩更好的私企从融资渠道（尤其像国有银行、股份制银行、城市商业银行和信贷合作社）中得到了更多的信贷支持（上面提到的CCBs）。将样本拆分为高 GDP 的省份和低 GDP 的省份、制造业和非制造业，当我们考虑不同机构环境多样性时，情形立即就会跟着变化。因此，我们认为是一种良性的均衡在推动着我国金融系统向私企融资的效率。不同的信贷分配机制对中国经济产生着不同的影响。当盈利能力被作为筛查指标时，贷款就会流向最盈利的项目。当银行不仅筛查盈利能力，同时也考虑其他因素如慈善捐助时，银行很可能在这个非完全市场上采用了额外的信贷分配标准。这也许就是我们在银行借贷中既考查业绩也考查慈善捐助的原因。

另外，刘（2006）考查了美国不同类型的私营借款对公司现金平衡、权益风险和投资活动的影响。我们的研究考察了中国不同类型的私营借款（即国有银行贷款、股份制银行贷款、城市商业银行贷款及其他非正式融资）的决定因子，并试图发现在各种情形下影响信贷资源分配的因素。我们发现慈善捐款在不同类型银行的信贷决策中扮演不同的角色。

我们这份报告对现存的财经文献做出了以下贡献。

第一，尽管此前的研究（Brandt and Li, 2003；Faccio, 2006）

广泛涉及银行对私企的歧视现象，但没有研究明确地调查过这些企业对待银行歧视的回应。我们的研究调查了这个问题，并发现企业通过更多地进行慈善捐助来获取更多贷款。这个观点与以下意见相一致，即如果一个企业因为自身的一些特质而处于劣势时，它就会试图通过经济策略来消除这种劣势。在发展中国家的复杂且渗透性体制的大背景下，我们的研究结果支持了银行业文献中的一个重要观点，即慈善捐助行为会提升信贷分配效率并有助于其增长。

第二，这份报告拓展了我们对于企业如何在过渡期经济中避免财务约束的理解。之前的研究讨论的大多是金融、法律、经济增长间的关系。其中，艾伦等人（2005）更是认为"中国是在法律、机制、金融、增长等方面文献中所提观点的重要反例：它的法律体系和金融体系都不健全，却成为发展最快的经济体"。他们认为中国私营部门有其他的融资机制。在这篇报告中，我们探究了一种额外机制。法律和其他体制不能为私营部门提供公平、平等的获取金融资源的途径，但个体私营企业用履行企业社会责任来克服这种劣势。

第三，我们将在中国这个世界上最大的发展中国家市场的背景下组织我们的分析。先前这个领域的研究主要集中于发达国家市场，在这个市场中企业达到股东期望的压力可能要比新兴市场的大（Goss and Roberts，2009；Sharfman and Fernando，2008）。来自文献的结论对发展中国家市场可能不适用，如企业社会责任意识相对淡薄的中国（Gao，2009；Li and Zhang，2010；Sharfman and Fernando，2008）。通过扩大发展中国家市场背景下的研究，我们为企业社会责任与银行融资之间的联系提供了新的见解。因为债务融资在中国的外部融资市场中扮演了重要的角色，所以这个研究也增加了我们对中国的私企是否选择参与企业社责任的理解。

第四，我们的研究结果引起了众多政策制定者和调整者的兴趣。我们的研究为其他欠发达国家提供了借鉴，中国银行体系的状况也是众多潜在投资者所关心的。

本节余下部分结构安排如下：第二部分介绍制度背景并引出我们的假设；第三部分给出了研究方法；第四部分呈现实证分析的结果；第五部分得出结论。

二、背景文献和假设提出

1. 中国的银行业

从 1995 年开始，随着《中华人民共和国商业银行法》开始生效，我国银行开始了漫长而脆弱的商业化过程。20 世纪末，政策指导性借贷任务演变成了三家政策性银行。几乎在同一时间颁布的《中华人民共和国中国人民银行法》也使当地政府失去对当地国有银行分行的绝对权威。当地银行职员的业绩评价由其高一级的银行部门给出，这样就限制了地方政府政策对银行决策的影响和干预。在重组之后，我国银行现在是由董事会管理的股份制公司。随着大部分银行的逐步上市，责任文化开始渗入，股东价值也由过去的被忽视到现在的被重视。

同我国其他领域的改革一样，中国银行业的商业化之路也秉承着稳步推进的原则。首先进行重组的是包括国有银行和合资商业银行在内的银行体系的上层。而银行体系底层的上千所城镇及农村信用合作社的改革则严重滞后。根据中国最大的银行中国工商银行的 IPO 招股说明书，就 2004 年的贷款总额来看，我国银行体系的上层占到贷款额的 70%，而底层占到 15%，剩下的份额是政策性银行。截至 2010 年，体系中的上层银行已基本完成了商业化进程，表现为在股票市场上市；而底层银行的商业化改革仍在进程中。在 2011 年，中国银行业的规则制定者——中国银监会正式定下目标：在 2015 年年底之前使底层银行能够像体系中上层银行那样最终改组为股份制，全面实现商业化。换句话说，至少在 21 世纪的头十年，尽管改革在缓慢继续，但中国银行系统重要的一部分仍将面临着长期以来的糟糕治理和坏账等问题。

为了促进银行业的竞争，中国政府在 1986 年建立了股份制银行。第一家股份制银行便是交通银行。截至 2007 年底，全国共有 12 家股份制银行。尽管形式上是股份制银行，但这些银行中的大部分仍间接由中央政府控制，其最大的股东仍然是国有企业。截至 2007 年底①，全国存款机构资产的 52.5% 由四大国有银行掌握；15.5% 由 12 家股份制银行掌控；其余的 32% 属于城镇商业银行、信用合作社、政策性银行以及城镇和农村的一些信贷联合组织。

城镇商业银行以及信用合作社通常由当地政府、企业和个人所有。它们向城镇中小型企业和个人提供商业银行服务（金融中介、资金结算及转移等）。它们也试图吸引总部坐落在各自城市的大公司，而后者通常会与大一点的省级银行合作。在城市地区，一些客户与 758 家城市信用社接触，精算师为居民和当地的小型企业提供基本的银行服务，比如存款和发放小型贷款，等等。

非正式融资指的是从"后街银行"如地下钱庄或者相互关联的人如亲朋好友那里融到资金。这个定义与艾伦等人（2005）

---

① http：//www.cbrc.gov.cn.

和阿亚盖雷等人（2010）的相同。非正式融资算是类合法[①]的。前面的研究表明，非正式融资渠道曾在中国私营企业降低融资成本和消除融资限制方面起到了积极的作用。浙江温州地区经济的快速增长就是一个很好的例子，它得益于当地繁荣的民间融资。

截至2007年底[②]，全国共有3家政策性银行，5家国有商业银行，12家联合股份商业银行，124家城镇商业银行，42家城镇信用社，8 348家农村信用社，17家农村商业银行，113家农村合作银行，19家村镇银行，4家借贷公司，8家共同信用合作社，4家金融资产管理公司，1家邮政储蓄银行，54家信托公司，73家企业集团的财务公司，10家财务租赁公司，2家货币经纪公司，9家自主财务公司和29家外国银行的当地分支。也就是说我国银行体系包括政策性银行、国有商业银行、联合股份商业银行、城镇商业银行、农村商业银行、农村合作银行、城镇信用合作社、农村信用合作社、非银行金融机构、邮政储蓄银行和外资银行。

在我们的研究中，被调查的私企位于城镇地区，它们主要的融资渠道是国有银行、联合股份银行、城镇商业银行及信用合作

---

① 非正式融资的官方定义表明，借贷关系在个人、个人与法人以及个人与中国合同法规定的其他类型的组织之间存在。因此，个人向个人或者个人向组织和公司借款都是合法的。但是话说回来，公司向公司借款是不合法的，即公司不能从没有政府授予的融资资格的非银行机构借款。中国银行业监督管理委员会连同其他政府部门正在起草非正式融资条款。目前农村地区有资质证书的非银行机构允许向企业提供贷款，然而，没有被授权的非银行机构向企业放贷仍然是不合法的。虽然不合法，但为了便利，只要贷款利率在合法的范围内，非银行机构向中小企业的非正式放贷是被默许的，这个合法范围即低于当地政府制定的官方利率的四倍。目前由高利贷导致的混乱推动中国政府调控非正式融资机构，以此来避免内含的投机风险。

② 中国银行业监督管理委员会2008年年报。

社，还有一些非正式融资渠道。因此，我们主要研究的是这三种类型银行融资渠道为私企提供信贷时的决定因素。

2. 向私营部门提供信贷

经济改革给我国经济带来的最为深远的一个改变就是从原来完全依赖国有企业的经济向一种混合经济形态逐渐转变。在这种混合经济形态中，私营企业在促进增长、催生创新、提供就业方面起到了重要作用。1978～2009年，非国有企业的生产总值占总产值的比例由过去的22%提高到88%①，提供就业比例由21%提高到89%。1997年9月召开的中共十五大是一个重要转折点，自此中国发起一场私有化运动，采取所谓"抓大放小"的政策，开始尝试全面私有化运动。长期以来众多中小企业所面临的法律及经济障碍被废除，以促进这些企业在这场私有化运动中快速成长。

曾经不被鼓励向私营企业贷款的银行被正式允许向这些私企贷款。之后几年，我国政府又陆续出台法律法规，旨在帮助创造一个私营部门、公共部门以及混合形态的公司共同经营的更高级别的平台。例如，在2005年，政府出台了行为指南来规范商业银行在信贷业务及向小企业贷款业务中的尽职调查的行为。从2005年开始的国有银行及众多城市商业银行②在中外股票交易市场的陆续上市，也为银行在借贷业务中遵循商业逻辑施加了外部市场压力。

根据实证研究结果，这些政策并没有完全消除我国银行系统

---

① 根据中国官方统计数据，这里的国营企业只包括传统的国有企业和国有全资股份制公司。

② 这些银行主要由许多城市信用社和农村信用社重组而来。

对私企的歧视。引自弗思等人（2009）的银行业统计数据显示，占到经济总量一半的私营部门只得到了银行7%的贷款资源。布兰特和李（2003）以及卡尔和徐（2003）的研究也发现，在其他条件一样的情况下，总体上私营企业更难得到贷款或者得到更少的贷款，并且被施用更高的放贷标准。在经验地排除了私企存在着更高信用风险的可能性之后，布兰特和李（Brant and Li，2003）认为，金融体系国有制支配地位的存在不可避免地导致了低激励，这就会产生一个有利于国有企业的带有偏见的资本分配策略。银行经理们之所以愿意牺牲利润也要贷给国企是因为他们只能从银行的高利润中得到很少一部分好处，但通过借贷给与地方政府有良好关系的企业则能让他们享受高福利。比如当地政府官员可以利用他们的权力为银行经理的亲戚安排工作，等等。

然而，弗思等人（2009）和阿亚盖雷等人（2010）对中小企业信贷实务的调查中却发现，中国银行部门在对私企放贷过程中是适度高效的。阿亚盖雷等人（2010）表明，从银行渠道融到资金是与企业的快速成长相联系的，而从其他渠道融资则并非如此。弗思等人（2009）发现企业的盈利能力是银行决定是否放贷及放贷规模的一个标准。他们得出结论：银行在信贷这个细分市场上采用的是商业判断。在某种程度上，银行经理们的弱激励对银行贷款产生了影响，这一发现与布兰特和李（Brand and Li，2003）的观点相矛盾，也与他们认为中国应该存在提高银行部门效率的激励机制的观点相矛盾。

3. 假设开发

在中国，公司的慈善行为还处于初等阶段，比较独特。这引致了许多有趣的关于私营部门的研究课题。中国私营部门的慈善行为很广泛。在中国，尤其是私营部门，慈善还没有充分的文献记录或者被广泛研究，由于资料有限，这一现象不容易研究。我国的公司慈善是一项很重要的企业战略，因为它可能显示出私营企业部门是如何发展的。

关于公司慈善有着三种不同的观点：无私利他观点、利润最大化观点，以及政治制度权力观点。第一种观点认为慈善行为受利他愿望的激发，而其他两种观点则认为慈善是公司为了获得战略优势的一种手段。公司慈善的利润最大化观点认为，只要可以获得直接经济利益，那么就可以从事慈善，例如，在美国，企业有慈善行为的可以得到税收优惠。现阶段，税收优惠还不是我国企业从事慈善的一个动机。这是因为，虽然有法规规定企业向全国为数不多的几家（大约3%）慈善机构捐赠可以得到税收减免，但实际上各地税务局都没有实施这一条法规。政治制度权力观点认为参与慈善的企业确实是为了利益最大化，但不是以直接经济回报的形式，而是利用慈善最大化其政治回报，或者规避法规甚至寻求政府保护。根据这个理论，企业慈善活动的目的就是配合或影响政府官员以获得利益或者一些商业机会。

企业用慈善手段支撑它们在环境中的地位，以此帮助它们建立与政府、媒体、其他公司、客户甚至大众的战略联盟。本书的研究表明参与慈善的中国企业应该更容易拿到银行贷款。本书的研究结果基本支持政治制度权力观，也就是私营部门的慈善行为有助于其得到银行贷款。

关于企业慈善活动对公司业绩的影响问题，施莱弗和维时尼（1994）的研究认为企业和政客间或许存在着秘密交易：企业捐钱给政客们支持的项目以换取较容易获得银行贷款、更好的投资机会等回报。同样地，在美国，个人及一些利益集团资助政治运动以获取相应回报，如税收减免及法规负担的减轻。虽然过去30多年中国经历了经济改革，但对私企的歧视现象仍然存在，而公司的慈善行为有助于缓解这种现象。通过慈善行为，私营企业与政府官员、银行经理、国企经理们都有了更频繁的接触和互动，企业也从上述这些部门那里得到了更好的交易和待遇，银行贷款就是这些好处的其中一项。

由于计划经济的长期影响以及市场机构的缓慢发展，中国的私营企业在经营中依然面临着阻碍。它们经常得不到银行贷款，因为那些贷款资源大部分都留给了国企（Johnson et al.，2000）。除了市场不健全的问题外，国家的法律体系也不足以保护产权和合同效力。在这样一种环境下，适当的慈善捐助对私企来说也许是一个克服市场不完全和国家低效的制度环境、避免歧视并获得贷款的捷径。

在我国，借贷关系中的信息不对称问题尤其普遍。银行数十年来一直作为关键的政府政策工具，根本没有信用历史记录来支持它们的贷款分配政策。当银行贷款给私营企业时，信息不对称问题尤为严重，因为私企是银行的新客户（以前只放贷给国有企业）。短暂的银行—借款人关系使银行不能够充分收集有关私企的软实力信息。中国的大部分私企是中小企业，并且由于它们非正式的会计、内部控制和制度模式而很少为人所知。迪川基亚车等人（Detragiache，Garella and Guiso，2000）从理论和实践上证明，多样的银行关系对于降低资助项目早期清算的可能性是最佳的。多样的银行关系也存在于从不同来源如银行和非正规融资渠道借款的中国私营企业中。

对于我国银行来说，找到可以判断潜在借款者的质量信息的指标很关键。依据现存文献，公司的财务表现、政治关系以及公司治理有望充当这样的信用指标。确认银行在筛查阶段使用的指标，将为我们回答银行是在以商业逻辑运营还是被政治干预所困扰的问题提供有价值的线索。我们认为慈善捐助就是现在金融机构检测的这种指标之一。通过考察不同融资来源对私企成长所起的作用，我们可以更好地了解私营部门作为我国经济增长引擎的可持续性。

本章我们关注私企慈善行为对企业银行融资所起的作用。通过慈善行为，再加上良好的效益，私营企业从当地政府，确切地说是国有银行、股份制银行、城市商业银行及城镇信用合作社那里得到了更好的待遇。也就是说，慈善活动越多的私企越容易获得银行融资。一些实证资料显示中国银行业人员在运用自己的专业知识和职业判断放贷时的适当效率并不与我国银行系统的官僚低效共融，就像阿亚盖雷等人（2008）和弗思等人（2009）发现的那样。

假设3.6：私营企业捐助越多越有机会得到大额贷款。

特殊地，对于股份制银行来讲，我们预计这个假设并不完全成立。但对于国有银行、城市商业银行，我们认为这个假设是成立的。因为理论和实践都证明这两种银行更容易受到当地政府部门的干预，而且当地银行更容易借贷给小型私企。而股份制银行更多地位于大城市，其信贷决策较少受到当地政府部门的影响。从信息不对称的观点来看，国有银行和城市商业银行更有可能受到当地政府的干涉，因为这两个银行的公有制程度比股份制银行要高，以致这两种类型的银行不能像股份制银行那样很好地运用全面信贷筛选技术，作为一种筛选标准，企业社会责任强度填补了这个差距。

假设3.7：国有银行和城市商业银行更倾向于支持有大额慈善捐款的私营企业。

实证研究表明全国不同地区的体制差别很大。而这种差异给我们提供了一个检验假设3.6背后的体制因素的机会。富裕省份和贫穷省份的银行在依据像慈善捐助等标准放贷时会采取不同的行为。富裕省份的私企非常繁荣，因此当地的银行更愿意迎合私营部门的需求。所以，我们预期假设6在富裕省份比在贫穷省份更适用。于是，我们进一步将数据样本按富裕省份和贫穷省份分为两个子样本。富裕省份子样本包括北京、辽宁、上海、江苏、浙江、山东和广东。这些富裕省份被挑选出的依据是这些省份比其他省份拥有更多的私营企业。我们把余下省份分在了贫穷省份子样本。这两个子样本经济发展水平非常不同：富裕省份子样本人均 GDP 达到人民币 29 942 元，而贫穷省份子样本人均 GDP 只有 12 294 元①，还不及富裕省份子样本的一半。因此，我们假设：

假设3.8：在越富裕的省份，慈善捐助对私营企业得到银行贷款的帮助作用越大。

中国私营企业中，制造业占到大约 60%，其余的是服务性企业。众所周知，中国制造业在过去 20 年高速增长。在过去的数十年中政府政策一直有助于制造业公司的发展，尤其对于那些贸易增长成为推动我国 GDP 增长的最关键因素之一的出口导向型的制造型企业。于是我们进而又将数据样本分为制造业子样本和服务业子样本②。我们因此假设：

假设3.9：在制造业领域，慈善捐助对私营企业获得银行贷款起到更大的帮助作用。

---

① 中国统计年鉴由中国国家统计局编译。
② 产业包括农业、林业、畜牧业和渔业、矿业、制造业、公共设施、建筑业、后勤、信息服务、批发和零售、旅馆和饭店、房地产、租赁、研发和技术、物业、教育、医疗、文体以及公共管理。工业子样本只包含在制造业部门的企业，而服务业子样本包括除了工业之外的产业内的企业。

三、研究方法

1. 样本

我们所使用的企业数据来自 2008 年的一份对全国范围内私营企业的调查。这份调查是由全国工商业联合会、中国社科院的私有经济研究部、中央统战部共同完成的。样本主要包括了大型私有企业以及一小部分从 31 个省、市、区抽出的个体家族企业，这是目前最好的研究中国不同公司治理机制对这些私企获取信贷的影响作用的数据库。如李等人（2008）就在其政治关系与银行借贷的研究中使用了 2002 年的调查样本。

调查采用的抽样方法是多级分层随机抽样，以得到一个覆盖全地区和全行业的平衡样本。第一步，确定被调查的私企总数。第二步，在全国 31 块区域中每个地区选出 6 座城市或区县。它们包括一个省会城市、一个区级市、一个县级市还有三个县。第三步，每块区域中被调查的私企数量是用该块区域中私企数占全国总数的比例乘以此份调查中所需私企总数得到的。在每个城市或区县以及不同经济部门内计算样本私企数也采用同样的方法。第四步，在计算出每个子样本所需私企数后，就可以随机抽取私企了。

这份给我们提供数据的调查包括了对企业家的访谈，内容涉及企业的规模、历史、基本财务状况以及企业家个人家庭背景、个人信息及职业历程。更重要的是，调查还收集了企业政治联系方面的信息，比如慈善活动、企业家任职国企经理或政府官员时的工作经验等。这里有 2015 条观察结果，每一条在利益变量上都相对完整。

2008 年的样本包含 4 071 家私营企业，占到全国私企总数的
1%。这份提供我们数据的调查还包括与企业家的深度访谈，内
容涉及企业的规模、历史、基本财务状况以及个人家庭背景、人
力背景及职业历程。调查收集了企业自成立以来的慈善捐助数额
和党员人数的信息。这里有 2 328 条观察结果，每一条在利益变
量上都相对完整。

样本中私营企业包含各行各业，从农业到科技企业都有。虽
然样本中的这些公司规模差距很大，小到个人家族企业，大到拥
有超 3 000 名员工的大型公司，但这些公司平均雇用 173 名职
员，远高于全国平均水平的 11.4 人。

回归中所用变量的具体定义见表 3 - 9，表 3 - 10 展示的则
是统计的归纳结果。

表 3 - 9　　　　　　　　　**变量定义**

变量	定义
贷款来源	
贷款 1	来自国有银行的贷款额
贷款 2	来自股份制银行的贷款额
贷款 3	来自城市信用银行和农村信用合作社的贷款额
贷款 4	来自其他非正规融资的贷款额
总贷款	总贷款额
企业属性	
捐款	自从公司成立以来的总捐款额
净资产收益率	2007 年底的净资产收益率
单位销售日志	2007 年每一个员工的销售日志
企业寿命	企业寿命
工资	总的薪金水平
专利	公司拥有的专利数

续表

变量	定义
研发费用	2007 年研发费用占总权益的比例
政治关系	所有者是否是党员
公有制	企业是公有制时设置虚拟变量
DF	省级机构指数

表 3-10　　　　　　　　描述统计

变量	观测样本	平均值	标准差偏差	最小值	最大值
贷款来源					
贷款 1	2 329	0.33	2.37	-0.63	74.18
贷款 2	2 329	0.04	0.45	0.00	10.00
贷款 3	2 329	0.24	1.58	-2.71	50.00
贷款 4	2 329	0.15	1.43	0.00	60.00
总贷款	2 329	0.78	4.07	-2.71	130.00
企业属性					
捐款	2 329	0.06	0.32	0.00	10.00
净资产收益率	2 329	0.31	1.29	-12.60	26.75
单位销售日志	2 152	4.63	1.56	-2.30	10.09
企业寿命	2 329	8.31	4.75	2.00	28.00
工资	2 329	0.59	2.81	-0.07	100.00
专利	2 329	0.33	0.47	0.00	1.00
研发费用	2 306	0.39	15.67	-0.01	751.88
政治关系	2 329	7.62	21.16	0.00	472.00
公有制	2 150	0.16	2.87	0.00	98.00
DF	2 328	8.16	3.73	2.79	16.61

注：样本中包括从不同渠道贷款的 2 329 家私企，这些渠道有国有银行、股份制银行、城市商业银行、农村信用合作社以及其他非正式融资机构。

2. 变量

关于私企从银行及非正式融资渠道所获贷款信息及定额来源于对调查问题的反应。特殊之处为，我们研究的债务融资渠道包括国有银行、股份制银行、城市商业银行和城镇信用合作社以及其他非正式渠道。在我们的分析中，我们用贷款 1、贷款 2、贷款 3、贷款 4 来代表四种不同融资来源。贷款总量是四种融资来源的贷款和。

对数据的初步分析表明，总贷款额的 43.4% 来自国有银行；31.6% 来自城市商业银行和城镇信用合作社；仅有 9.3% 来自股份制银行；19.7% 来自非正式渠道如个人或非官方金融机构。这些数字告诉我们，国有银行及城市商业银行和城镇信用合作社是我国私企主要的融资机构。而艾伦等人（2005）认为非正式融资也是一个不容小觑的融资渠道。

本研究中，我们致力于查明慈善捐助是否是决定我国不同融资渠道向私营企业放贷的驱动因素之一。我们的数据使我们得以探究我国私企的主要融资渠道，按照 CBRC 对银行的分类，包括三种类型银行及非正式融资渠道。过去开展的大部分研究主要是针对国有银行的，本研究关注的是四大融资渠道流向私营部门的信贷资源。

（1）慈善捐助。

对我国银行来说，找到可以评判潜在借款方的信用质量的标准很关键。我们认为慈善捐助就是金融机构的指标之一。从我们的数据中可以明显看出许多私营企业都有过捐助行为。在我们的样本中，有 88.7% 的私企捐助。自公司成立以来平均捐助额达到人民币 439 494.7 元。应该注意的是，贷款并非单纯由慈善捐助驱动，银行也会考虑公司业绩及政治关系等其他因素。

（2）公司绩效。

我国银行使用潜在借款方的财务报表做信用风险评估。因此公司业绩表现成为银行放贷决策中的重要因素。在公司的业绩表现方面，调查中包含企业同期的销售利润率及权益回报率等信息。我们把销售的自然对数作为顶线表现，把 ROE 作为衡量公司业绩的底线指标。我们期待得到文献所预测的关于工作业绩的正系数。

（3）其他控制变量。

本研究控制了政治关系变量。政治关系在中国的借贷环境中是很重要的影响因素，正如李等人（2008）以及科林和徐（2003）在文献中提到的一样，科阿加和米安（2005）认为在国际环境中也是如此。调查收集了关于企业家政治关系的信息，包括其政治面貌以及是否供职于政府部门。样本中拥有政治关系的企业无论从销售额、雇佣人数方面都更大，也更具生命力和影响力。这些企业的 ROE 也比较高，但与其他企业差异不显著。总之，有党员身份的企业所有者及其企业与其他企业确实存在不一致。

我们引入控制变量是为了避免可能的混淆。其他的控制变量是一系列矢量，如公司年龄。公司年龄是公司自成立以来的年限。我们预计这其中存在着正相关的关系，即公司成立越久，企业越为银行家所了解。其他的控制变量包括工资（企业所付薪金总额），专利（企业拥有的专利数），研发费用（2007 研发费用占权益的比例）及 DF（省级机构指数）。

表 3-9~3-11 分别为变量定义、描述统计和相关系数表。图 3-1 给出了四大主要债务融资份额。

表 3 – 11　相关性

	捐款	净资产收益率	单位销售日志	企业寿命	工资	专利	研发费用	政治关系	公有制	df
捐款	1									
净资产收益率	0.2504*** 0	1								
单位销售日志	-0.0085 0.6919	0.0862*** 0.0001	1							
企业寿命	0.0598*** 0.0039	0.0188 0.3651	0.167*** 0	1						
工资	0.2406*** 0	0.2173*** 0	-0.0262 0.2244	-0.0012 0.9533	1					
专利	0.0447* 0.0311	0.0588*** 0.0045	0.1562*** 0	0.1676*** 0	0.0552** 0.0077	1				
研发费用	0.0339 0.1036	0.1101*** 0	-0.0024 0.9113	0.0343* 0.0996	0.0351* 0.0919	0.0339 0.1036	1			
政治关系	0.0359 0.0834	0.0819*** 0.0001	0.179*** 0	0.0591*** 0.0044	0.0277 0.1817	0.1961*** 0	0.0232 0.2653	1		
公有制	-0.0071 0.7414	-0.0113 0.5999	0.001 0.9656	-0.0225 0.296	-0.007 0.7451	-0.0008 0.9699	-0.0013 0.9505	0.0294 0.1735	1	
df	-0.0029 0.8903	0.0438* 0.0346	0.2287*** 0	0.1732*** 0	0.0211 0.3096	0.115*** 0	0.0246 0.2374	0.0228 0.2709	0.0537* 0.0128	1

注：表格描述了变量之间皮尔森相关性的结果。变量的详细定义已在表格 3 – 9 中列示。*，**，*** 分别表示在 10%、5% 和 1% 水平上显著。

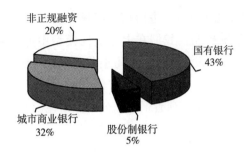

图 3 - 1　中国四大主要债务融资渠道的市场份额

3. 考察放贷决策

我们效仿弗思等人（2009）为银行贷款额的决定因子建立托比特（Tobit）模型。在 2008 年调查时，中国银行体系还没有基于客户企业统一的银行间信息共享平台，也没有一个全国范围的信用评级体系。每家银行都有各自独立的信息系统和经营模式。然而，信用评级系统的确切实施在法律上是保密的。即使我们接触到了银行的信用评级系统，我们仍会错失银行信贷人员的主观判断。况且，中国放贷的实务过程也表明，对银行信贷人员的激励能在很大程度上决定贷款是否发放以及如何发放。

因此，我们的实证检验首先按照弗思等人（2009）的做法，纳入与贷款信用风险相关的那些指标。这些指标包括潜在借款者的业绩表现、借款方高管层的政治关系等。我们也将慈善捐助纳入放贷决策的影响因素。

自变量是包括慈善捐助金额、公司业绩、政治关系及企业雇佣人数和成立年限在内的一系列控制变量。调查用同期的 ROE 来衡量企业业绩，同期的业绩信息可能会在我们的分析中引致偏见。

我们用五个变量来涵盖私企的融资（贷款 1、贷款 2、贷款

3、贷款4以及总贷款），进而探究我国银行在向私企放贷决策背后可能的激励机制。我们在上述实证模型中加入制度发展指数，以寻求在不同发展程度的省份里慈善捐助对私企融资的影响程度。我们也将样本分为高 GDP 省份与低 GDP 省份、制造业和非制造业部门，来研究慈善捐助和公司业绩在影响企业融资方面的不同表现。

四、结果

1. 实证结果

我们首先检测了影响三大融资来源（国有商业银行、股份制银行，城镇商业银行）贷款的因素。按照阿亚盖雷等人（2008）和弗思等人（2009）的研究结果，我们推测信贷分配过程在总体上应该是高效的，因此，公司绩效应是银行的重要考量。慈善捐助起到的作用就像其他激励机制，比如政治关系和贿赂一样，减弱了银行对私营企业的歧视。因此，慈善捐助应该是决定银行放贷额的重要因素。

表 3－12 的结果确认了布兰特和李（Brandt and Li，2003）以及弗思等人（Firth et al.，2009）的结论，认为业绩是国有银行评估放贷的重要决定因素。我们也证实了慈善捐助是国有银行、城镇商业银行及信用合作社放贷量的重要考量。而对于股份制银行来说，慈善捐助不是其放贷的主要因素。这也许与国有银行和城镇商业银行及信用合作社成为私营企业两大主要融资渠道的事实相符（见图 3－1）。在文献中（Li et al.，2008；Colin and Xu，2003；Khwaja and Mian，2005），由党员数量来衡量的政治关系变量，是否为党员对从国有银行、股份制银行、城镇商业银行得到贷款有重要作用。这个结果也表明，慈善捐助同业绩和政

治关系一样，都是私企从国有银行、城镇商业银行得到贷款的重要驱动因素。这样，假设 1 就对国有银行、城镇商业银行成立。

表 3 – 12　　　　　　　　　　影响贷款额的因素

变量	贷款 1	贷款 2	贷款 3	总贷款
捐款	2. 30*** (5. 16)	0. 45 (1. 15)	0. 83*** (3. 97)	2. 99*** (4. 50)
净资产收益率	0. 34** (2. 06)	0. 24 (1. 63)	0. 22 (0. 99)	0. 54 (1. 43)
单位销售日志	0. 73*** (6. 99)	0. 49** (2. 40)	0. 15** (1. 97)	0. 44*** (6. 57)
公司寿命	0. 03 (1. 07)	− 0. 02 (− 0. 73)	− 0. 02* (− 1. 76)	0. 00 (− 0. 36)
工资	0. 18* (1. 78)	0. 05 (0. 88)	0. 06 (0. 93)	0. 26* (1. 81)
专利	1. 01*** (4. 14)	0. 54 (1. 06)	0. 47 (1. 53)	0. 71*** (3. 96)
研发费用	0. 00 (0. 38)	− 0. 01*** (− 6. 50)	− 0. 01*** (− 4. 65)	0. 00 (− 1. 21)
政治关系	0. 02*** (3. 45)	0. 02*** (3. 20)	0. 03* (1. 82)	0. 02*** (3. 44)
Stateownership	0. 01 (0. 54)	0. 04*** (4. 78)	− 0. 03 (− 1. 09)	0. 01 (1. 05)
df	0. 07*** (3. 20)	0. 11*** (2. 78)	0. 00 (− 0. 08)	− 0. 01 (− 0. 94)
常数	− 8. 83*** (− 10. 86)	− 9. 65*** (− 3. 97)	− 2. 85*** (− 3. 55)	− 3. 49*** (− 7. 25)
观察样本	1 972	1 972	1 972	1 972

注：此表描述了影响贷款额的因素的托比特书回归的结果，这些贷款来自国有银行、股份制银行和城市商业银行。变量的详细定义已在表 3 – 9 中列示。括号中的 z 值由 Huber/White/sandwich 的异方差一致性错误计算出来，这些错误被纠正以适应企业集聚类。* 、** 和 *** 分别表示在 10% 、5% 和 1% 水平上显著。

表3-12也揭示了企业所有者与银行借款之间的联系。结果表明，与国有银行和城市信用合作社相比，当放贷给私有企业时，股份制银行把公有制作为一个重要的筛选指标。在表3-12中，我们也注意到，研发费用在贷款政策中没有受到重视，只有国有银行在发放贷款时会关注企业的专利数目。这个结果与假设的预测相符。

从表3-12的基准结果来看，国有银行似乎是最有效率的银行，因为与股份制银行和城市信用合作社相比，它慎重地评估了更多的风险因素。

我们探究宏观因素和人均GDP是如何影响私营企业从三大渠道融资的。表3-13的第一部分结果显示，在富裕省份，与表3-12的结果类似。顶线表现和政治关系是私企获得信誉的重要因素。国有银行和城市信用合作社在发放贷款时会认真考虑慈善捐款；公有制是股份制银行的一个重要筛选因素。研发费用在放贷政策中作用不大，但在富裕地区，专利数目对于从国有银行和股份制银行获得贷款是有利的。

表3-13　　　　　影响高GDP和低GDP省份贷款额的因素

面板 I				
高	贷款 1	贷款 2	贷款 3	总贷款
捐款	2.25*** (5.40)	0.26 (0.68)	0.78*** (2.95)	2.94*** (4.27)
净资产收益率	0.34* (1.81)	0.28* (1.76)	0.26 (1.09)	0.59 (1.33)
单位销售日志	0.67*** (4.29)	0.39*** (2.73)	0.17** (2.26)	0.35*** (6.64)
企业寿命	0.04 (1.52)	-0.01 (-0.33)	-0.08*** (-2.74)	-0.03 (-1.53)

续表

高	贷款 1	贷款 2	贷款 3	总贷款
工资	0.15 (1.37)	0.02 (0.66)	0.05 (0.82)	0.19 (1.26)
专利	1.21*** (4.71)	0.92* (1.70)	0.6 (1.33)	0.97*** (3.07)
研发费用	0.00 (0.62)	-0.01*** (-4.86)	-0.01*** (-4.54)	0.00 (-1.13)
政治关系	0.02*** (3.09)	0.01** (2.17)	0.02* (1.85)	0.01*** (3.09)
公有制	0.01 (0.55)	0.04*** (4.41)	-0.04 (-1.22)	0.01 (0.80)
常数	-8.26*** (-8.78)	-7.78*** (-3.30)	-2.57** (-2.52)	-3.09*** (-6.10)
观察样本	1 227	1 227	1 227	1 227

面板 II

低	贷款 1	贷款 2	贷款 3	总贷款
捐款	1.86 (1.60)	1.95 (1.01)	0.96 (0.63)	0.8 (0.41)
净资产收益率	0.31** (2.44)	-0.29 (-1.62)	-0.07 (-0.57)	0.16 (0.77)
单位销售日志	0.48*** (10.61)	0.87* (1.96)	0.09 (1.34)	0.43*** (5.75)
企业寿命	0.03 (0.94)	-0.03 (-0.36)	0.05*** (4.44)	0.03* (1.77)
工资	0.36** (2.20)	0.48 (1.12)	0.03 (0.33)	1.18*** (3.12)

续表

低	贷款 1	贷款 2	贷款 3	总贷款
专利	0.33* (1.90)	-0.44 (-0.42)	0.04 (0.27)	0.08 (0.38)
研发费用	0.5 (0.89)	1.34 (0.74)	1.14** (2.52)	0.84 (0.75)
政治关系	0.02*** (2.98)	0.02*** (3.04)	0.01 (0.84)	0.01* (1.81)
公有制	-0.02 (-0.64)	-13.65 (3.78)	-9.41 (-1.55)	-0.29*** (-3.78)
常数	-4.82*** (-14.47)	-11.64*** (-2.78)	-2.65*** (-6.64)	-3.23*** (-9.08)
观察样本	746	746	746	746

注：面板 Ⅰ 和面板 Ⅱ 分别描述了在高 GDP 和低 GDP 省份影响贷款额因素的 Tobit 回归的结果，这些贷款来自国有银行、股份制银行和城市商业银行。变量的详细定义已在表 3-9 中列示。括号中的 z 值由 Huber/White/sandwich 的异方差一致性错误计算出来，这些错误被纠正以适应企业集聚类。*、**、*** 分别表示在 10%、5%、1% 水平上显著。

然而在欠发达省份（表 3-13 的面板 Ⅱ 部分），慈善捐助对获得贷款不再重要。在低 GDP 省份，公司业绩和政治联系是从银行得到贷款的重要因素。因此，假设 3.2 得到了支持。即在富裕省份，慈善捐助对向私企放贷起到更大作用。

最后，我们考察制造业和服务业从三大贷款来源获得贷款的决定因子。表 3-14 的第一部分结果显示，对制造业来说，慈善捐助是企业从三大银行即国有银行、股份制银行、城镇商业银行得到贷款的重要因素。企业业绩、规模、成立年限、专利和政治关系是制造业部门从国有银行获取贷款的重要因素。除去慈善捐助，顶线表现也是股份制银行放贷的重要因素。在所有研究的因素当中，慈善捐助是城镇商业银行向制造业企业发放贷款的唯一重要因素。国有银行对制造业放贷的考量似乎最有效率,在放贷给制造业部门的私企时,它用顶线和底线表现、捐款数额、专利数目以及政治关系作为贷款筛选标准。

表 3 – 14 影响制造业和服务业企业贷款额的因素

制造业	面板 I			
	贷款 1	贷款 2	贷款 3	总贷款
捐款	1. 78***	1. 17*	1. 13***	2. 59***
	(3. 21)	(1. 86)	(4. 81)	(5. 97)
净资产收益率	0. 48**	– 0. 67*	– 0. 08	0. 36**
	(2. 39)	(– 1. 77)	(– 0. 77)	(2. 32)
单位销售日志	0. 80***	0. 41***	0. 04	0. 31***
	(4. 79)	(2. 90)	(0. 67)	(2. 82)
企业寿命	0. 08*	– 0. 04	– 0. 02	– 0. 01
	(1. 96)	(– 1. 26)	(– 1. 40)	(– 0. 26)
工资	0. 09	0. 00	– 0. 01	0. 12**
	(1. 40)	(0. 03)	(– 0. 27)	(2. 53)
专利	1. 12***	0. 16	– 0. 08	0. 32
	(2. 62)	(0. 49)	(– 0. 47)	(1. 12)
研发费用	0. 00	– 0. 63	0. 00	0. 00
	(– 0. 12)	(– 0. 53)	(– 0. 23)	(– 0. 46)
政治关系	0. 01**	0. 00	0. 00	0. 01
	(2. 20)	(1. 18)	(0. 56)	(1. 45)
公有制	0	0. 02	– 0. 08	0. 00
	(0. 01)	(1. 34)	(– 0. 80)	(– 0. 08)
常数	– 8. 83***	– 5. 10***	– 1. 11***	– 2. 34***
	(– 8. 97)	(– 4. 86)	(– 3. 36)	(– 3. 89)
观察样本	862	862	862	862

面板Ⅱ				
服务业	贷款1	贷款2	贷款3	总贷款
捐款	5.58*	-16.67**	-2.75	2.70***
	(1.71)	(-1.98)	(-0.97)	(4.29)
净资产收益率	-0.24	0.14	-0.44	-0.49
	(-0.64)	(0.73)	(-0.91)	(-1.47)
单位销售日志	0.61**	0.94	0.32***	0.47***
	(2.28)	(1.51)	(2.84)	(7.01)
企业寿命	-7.14**	-14.41**	-4.67***	-3.42***
	(-2.52)	(-2.50)	(-3.10)	(-4.47)
工资	0.74	0.60**	0.50**	1.00**
	(1.64)	(2.22)	(2.28)	(2.13)
专利	-0.79	0.16	1.01*	0.08
	(-0.88)	(0.12)	(1.92)	(0.29)
研发费用	-6.33	2.79	1.91***	0.57
	(-1.27)	(1.00)	(3.23)	(0.32)
政治关系	0.07**	0.05***	0.01	0.02**
	(2.01)	(2.75)	(0.86)	(2.23)
公有制	-0.06**	0.00	-0.03	-0.03**
	(-2.02)	(0.05)	(-1.19)	(-2.12)
常数	-7.14**	-14.41**	-4.67***	-3.42***
	(-2.52)	(-2.50)	(-3.10)	(-4.47)
观察样本	608	608	608	608

注：面板Ⅰ和面板Ⅱ分别描述了影响制造业和服务业贷款额因素的 Tobit 回归的结果，这些贷款来自国有银行、股份制银行和城市商业银行。变量的详细定义已在表3-9中列示。括号中的 z 值由 Huber/White/sandwich 的异方差一致性错误计算出来，这些错误被纠正以适应企业集聚类。*、**、*** 分别表示在10%、5%和1%水平上显著。

表 3 – 14 第二部分结果显示，在非制造业的服务部门，慈善捐助、顶线表现和政治关系是从国有银行获得贷款的重要因素。薪金水平、政治关系是从股份制银行获取贷款的重要因素，而顶线表现、研发支出、薪金水平则是城镇商业银行做出放贷决策的主要考量因素。在服务业部门，慈善捐助只对从国有银行获取贷款有帮助。

所以，正如假设 3.3 所说，与服务业相比，慈善捐助对制造业私企获取贷款的帮助作用更大。国有银行在向服务业发放贷款时似乎较之股份制银行、城镇商业银行更有效率。

2. 稳健性测试

为了测试稳健性，我们第一步通过将因变量转换成虚拟变量来对影响放贷政策的因素进行罗吉特测试，测试中这些因素的意义保持不变。我们还运用逻辑斯蒂回归来测试假设 3.2 和假设 3.3 的稳健性，结论是一样的。

第二步，我们用捐款虚拟变量来替换慈善捐款数额因素，在虚拟变量中，1 代表企业有过捐款，否则为 0 来测试这三个假设，结论依然稳健。

第三步，我们的回归模型在慈善捐助、公司业绩、公司特征及从不同银行获得的贷款额之间建立了广泛的联系，而所观察到的公司慈善捐助额和业绩以及从国有银行、城镇商业银行所获贷款额之间存在正相关关系。这也许仅仅是因为相反的因果联系，即有更多贷款机会的私企可能捐款更多。在一定程度上，我们只关心慈善捐助、公司业绩、公司特征及不同融资渠道的贷款额之间的关系，它们之间因果关系的方向不重要。哪怕它们之间的正相关关系是由于得到银行贷款的企业更倾向于做慈善或是更容易有好的业绩表现。

为了调查它们之间的因果关系，我们需要考虑到慈善捐助决策是企业自发的、自主选择的。因此，我们需要对选择效应进行控制。我们感兴趣的是慈善捐助行为对从不同银行融资贷款的效应。两步选择模型被用来评价关于从不同银行获得贷款额的内生性慈善捐款选择的影响。对这个误差项的常见解释是它是推动选择决策的私人信息。在第一步选择模型中，我们采用几率单位回归来决定一个企业是否捐款，如果这个企业曾经有过捐款，因变量就是等于 1 的慈善捐款虚拟变量，否则，因变量就是等于 0 的慈善捐款虚拟变量。第二步采用我们曾在表 3 - 12 用过的 Tobit 回归。

我们对表 3 - 15 的结论来自于海克曼选择模型，在这个模型中，慈善捐款是内生性的。第（1）（2）（3）（4）列的结果与表 3 - 12 的结果相类似，这表明我们的基准结论对于选择偏好是稳健的。

五、结论

我们研究了慈善捐助，连同企业状况如业绩，与企业从三大银行融资（国有银行、股份制银行、城镇商业银行及信用合作社）获得贷款之间的关系。实证结果是基于一份 2008 年由中央政府部门对全国范围内私营企业所做的调查样本。本研究在现有财经文献的基础上考察了私企对于银行歧视现象的回应，并且提出了慈善捐助是帮助私企活跃成长的一种可选择的机制。在发展中国家疲软的法律框架的背景下，通过探索慈善捐款在帮助中国的私企从银行获得贷款中的作用，我们支持利益相关方参与理论，这个理论认为，慈善捐款对帮助银行提高监管效率和帮助私企释放资本约束方面作用很大。

表 3-15　　　　影响贷款额的因素（海克曼）

变量	(1) 贷款1	(1) 选择	(2) 贷款2	(2) 选择	(3) 贷款3	(3) 选择	(4) 总贷款	(4) 选择
捐款	1.82*** -7.85		0.05 -1.26		0.68*** -8.45		2.66*** -9.64	
净资产收益率	0.27*** -5.46		0.12*** -14.09		0.21*** -11.95		0.64*** -10.91	
单位销售日志	-0.03 (-0.50)	0.10*** -4.11	0.00 (-0.47)	0.10*** -4.11	-0.01 (-0.51)	0.10*** -4.11	-0.03 (-0.38)	0.10*** -4.11
工资	0.17*** -5.58	-0.03** (-2.12)	0.01** -2.04	-0.03** (-2.12)	0.04*** -3.54	-0.03** (-2.12)	0.24*** -6.57	-0.03** (-2.12)
专利	-0.04 (-0.32)	0.11 -1.21	-0.02 (-0.70)	0.11 -1.21	-0.06 (-1.29)	0.11 -1.21	-0.16 (-0.99)	0.11 -1.21
政治关系	0.00 (-0.61)	0.03*** -4.84	0.00 (-1.03)	0.03*** -4.84	0.00 -0.23	0.03*** -4.84	0.00 (-0.77)	0.03*** -4.84
企业寿命	-0.04* (-1.90)	0.06*** -6.35	-0.01* (-1.73)	0.06*** -6.35	-0.01* (-1.69)	0.06*** -6.35	-0.06** (-2.36)	0.06*** -6.35
匿名函数		-2.38** (-2.50)		-0.31* (-1.92)		-0.44* (-1.71)		-2.96*** (-2.60)
常数	1.21** -1.97	0.01 -0.08	0.16 -1.53	0.01 -0.08	0.36* -1.71	0.01 -0.08	1.86** -2.52	0.01 -0.08
观察样本	1 972	1 972	1 972	1 972	1 972	1 972	1 972	1 972

注：表格描述了影响贷款额因素的海克曼回归的结果，这些贷款来自国有银行、股份制银行和城市商业银行。变量的详细定义已在表格 3-9 中列示。括号中的 z 值由 Huber/White/sandwich 的异性错误一致性错误计算出来，这些错误被纠正以适应企业集聚类。在 10%、5% 和 1% 水平上显著的系数分别用上标 *、**、*** 标识。

我们发现，慈善捐助让这些私企从国有银行和当地的城镇商业银行那里得到了更多的贷款。我们的研究揭示了一个奇怪的现象：在富裕的机构环境下和制造业中，我国的国有银行在放贷决策中既运用商业逻辑，也考虑其他因素如企业的慈善行为，并且国有银行在向私企放贷时比股份制银行和城市信用银行更有效率。这可能要归功于从 2005 年开始的中国银行业改革，改革于在香港股票交易市场和深圳股票交易市场上市的三大国有银行中进行。有了境外战略投资者的奠基，国有银行开始采用商业逻辑和更好的管理机制。本研究结果也体现了我国银行业的道德考量，即在放贷决策中开始评估私企的社会责任履行情况。

此外，本研究结果对各级政策制定者和协调者都很有价值。中国的银行体系还在发展中，就像银行借款和疲软的业绩表现之间的明确关系所表明的，这种关系在研究欠发达省份服务业银行贷款的文献中提到过。本研究也为其他发展中国家提供了借鉴，中国银行系统的现状也是众多潜在投资者所关心的。

本研究中使用的调查数据限制了我们的测量选择和内生性测试的可能性。相信本研究仍然能够提供一个新的研究方向，即银行应该怎样在过渡经济中发挥社会责任。除了把借款企业的企业社会责任推广成筛选风险的因素之一外，就像本研究中所调查的一样，银行实际上可以通过转变成道德银行从而更具社会责任感。

第四章

浙江省小微企业调查报告

第一节 2013年中国小微企业生存状况调查

一、新时期下的中国小微企业整体生存环境及发展状况

1. 小微企业整体生存环境

小微企业是小型企业、微型企业、家庭作坊式企业、个体工商户的统称，主要指那些产权和经营权高度统一、产品（服务）种类单一、规模和产值较小、从业人员较少的经济组织。由于2011年6月才从中小企业中分出微型企业，目前普遍缺乏微型企业的具体统计数据。据中国中小企业信息网报道："从全国范围看，我国中小微企业占到企业总数的99.7%，其中，小微企业占到企业总数的97.3%。中小微企业已经成为促进经济增长的生力军。"经测算，小微企业提供了85%的城乡就业岗位，最终产品和服务占国内生产总值的60%，创造了一半以上的出口

收入和财政税收。随着国家针对小微企业的一系列优惠政策的出台，小微企业的发展越来越受到政府和社会的广泛关注。据"2012年小微企业财税管理信息化研讨会"调研，截至2012年底，我国小微企业规模已近5 000万家，为国家解决了大量的就业人口和近2/3的所得税，在国民经济中的支撑作用越来越大。

小微企业是促进我国经济结构调整的重要载体。经过多年的发展，小微企业已经从过去的一些传统领域向现代的一些服务领域延伸。在发展过程中，小微企业充分发挥了决策机制灵活的优势，通过吸收引进新技术、新工艺、新设备等措施，大大增强市场竞争力，带动了我国其他许多产业的发展，也成就了自身的快速发展，促进了经济结构的不断调整优化。但小微企业特别是劳动密集型小微企业增长方式粗放、产业层次不高、协作配套差、创新能力弱等结构性问题较为突出，客观上又成为转方式、调结构的难点。而抓住了小型微型企业，就抓住了转变发展方式的关键。

实践证明，小微企业的密集程度决定着城乡居民的收入水平，小微企业越发达的地区，城乡居民工资性收入和财产性收入就越高。小微企业是改善和服务民生的重要渠道。小微企业准入门槛低，创办速度快，以劳动密集型产业为主，能创造大量的就业岗位。这样可以充分起到增加收入、改善民生的重要作用。而且它所集中的行业多属于服务民生的工业品、消费品生产和服务行业，所创造的产品和提供的服务对提高城乡居民生活质量做出了重要贡献。我国工业化和城镇化的快速发展，相当程度上是由于发挥了小微企业特别是劳动密集型小微企业的优势，把数以亿计的农村剩余劳动力转化为农民工。近年来，我国每年新增大中专毕业生1 000多万人，小微企业同样是吸收大学生初次就业的主要渠道。

小微企业是技术创新和商业模式创新的重要承担者。由于信息传递快,获得的收益能够按照各要素的贡献合理分配,小型微型企业在承接技术发明方面比大企业更有优势。此外,由于小微企业高度竞争,在商业模式创新方面也有极强的动力。据中国中小企业信息网数据,中小企业提供了全国约65%的发明专利、75%以上的企业技术创新和80%以上的新产品开发。2010年底,国家高新技术企业中的中小微企业比例达到82.6%。

小微企业的发展有助于培养民营大企业的崛起,改革开放三十多年来,在中国形成的民营五百强企业超过90%是由小微企业成长起来的,这些企业有的成为地方骨干企业,有的成为国际知名企业,如福耀、淘宝等。同时,小微企业也为锻炼经营管理人才、培养企业家精神提供了平台,培养出更多的优秀人才,从而能够更好地为经济发展做贡献。

在国民经济生活中,小微企业作用明显,但其地位与作用明显不对称。由于受到资金、技术、人才等方面的影响,小微企业现代化管理水平普遍较低,企业信息化率还不到3%,仍然面临着管理不规范、融资难、效率低下、竞争能力弱的问题,严重制约了小微企业的发展壮大。目前我国小微企业的生存状况并不理想,据国务院发展研究中心提供的《中国小微企业生存报告(2012)》显示,2012年上半年处在微利或亏损状态的小微企业数量在不断增加,甚至有一半以上的小微企业处于亏损状态,只有那些拥有独家产品或产品技术含量高的小微企业尚可生存。

融资难,使得小微企业难以壮大且时刻面临资金链风险。生产难与招工难则让小微企业可能面临生存危机。倘若工业原材料上涨,小微工业企业由于订单议价能力低,难以通过提高产品价格转嫁成本压力,也难以通过技术革新、大幅提升生产效能等管理创新模式来消化成本压力，最终可能造成亏损。由于规模小，社会地位低，效益依市场景况而定，因此，小微企业要招工，必须付出比市场更高的代价，而招回的工人却不一定能超过大中型企业招的人。另外，由于工资待遇不高、社会保障不健全等，小微企业一线员工难招，有经验的管理及技术人才难招，高级管理人才和技术人才更是望尘莫及。小微工业企业用工短缺，人员流动快，不仅导致生产成本上升，也严重影响企业规模扩张，更别说提升市场竞争力了。一些企业出现因招工难而放弃扩产计划，还有些企业因缺工不敢接订单而被迫减产。服务不到位、融资难、招工难和生产难，相关职能部门关注不够，但在税负方面，却又非常高。

面对小微企业生产经营的困境，支持小微企业发展的着力点主要是大力优化小微企业的发展环境，重点是政策环境、市场环境和法律环境。政策环境方面，主要是解决小微企业税费负担重和融资贷款难的问题。目前，小微企业的高税负依然是其利润微薄、生存困难、转型不力的一个重要原因。据有关部门统计，目前我国共有19个税种，不同企业所涉及的税种和税率根据其所在行业、经营范围、经营方式和规模等的不同而有所不同。同时，在企业运营中还要针对20多个部门缴纳各种各样的行政性费用多达60多种，例如，工商年检要收费、产品质检要收费、环境卫生要收费、派出所联防也要收费，等等，而且收费还不低，导致企业不堪重负。

特别是，小微企业贷款难问题依然十分突出。据全国工商联调查显示，全国95%的小微企业没有与金融机构发生过任何借贷关系。特别是在经济紧缩时期，所有金融机构更愿意将稀缺的金融资源向大型企业倾斜，这在客观上形成了对小微企业的挤压。而小微企业为了生存，只能去借高利贷，从而进一步加大了小微企业的经营成本和压力。

市场环境方面，主要是解决小微企业市场准入等平等竞争机会问题。目前，这方面的问题比较突出，因为小微企业大多是非公有制企业，它们在企业用地、项目投标、获取经营权等很多方面经常会受到歧视和不公正的待遇。

法律环境方面，主要是解决小微企业的适用规制问题。目前，这方面对小微企业还有许多制度空白点，应该说，小微企业在一些方面既缺乏法律制度的规范，又缺乏法律制度的保护。如目前绝大部分小微企业依然没有被纳入正规金融体系的担保和征信系统，无法在金融机构的征信系统中查询到它们的征信记录。

再如对小微企业的技术人员在职称评定、技术评级等方面还缺乏一些明确的规定，尤其是对小微企业员工的后顾之忧问题还缺乏制度层面的保护，如工资增长机制以及医疗、养老、工伤、劳保、休假、权益保护等诸多保障问题等都还缺乏制度约束。目前就业者都愿意到央企、国企，主要原因是小微企业这方面的规制及法律保障还不健全。

2. 小微企业的发展状况

小微企业隶属民营中小企业。经过三十多年的改革开放，民营经济从萌芽阶段发展到支撑经济半边天。在经济上升期，小微企业虽然辛苦备至，但也共享了改革开放发展的经济成果。现在，全球经济不振，国内经济回调，首当其冲的自然是抗风险能力较差的小企业群体。

近几年来，小微企业营商环境面临一系列挑战，例如，PPI下行导致的产品跌价，CPI上升导致的成本上升等。成本上升最大的体现是人力成本上升和资本成本的上升，当然也包括纳税和新增的环保费用的不断增加。微利、无利或者亏损，使小微企业的经营者大有纷纷逃离的趋势。

小微企业的负累有些是属于刚性负累，有些应该算是政策偏颇。其中，人力成本负累，事实上是整个社会 CPI 上升的伴生物，工人需要生活，生活水平的与时俱进需要共享社会进步带来的好处，要求提高收入是合情合理的刚性需求，人力成本上升这一块已成定局，这道坎只能迈过去，哪怕是很艰难也得迈过去。其次，环保费用、环保投入也是一道必须跨越的坎，社会的每一个群体都有责任和义务去减少环境对人的影响。至于其他税费，有刚性和柔性的两块，各地财政对小微企业的税收做到财政收支的基本平衡即可。

值得关注的是，近年来小微企业的资金成本大幅上升，且不说民间融资，就仅仅是银行抵押融资一项，利率上升的幅度达到30%～50%。这严重打击了小微企业的经营积极性。面对这种情况，政府其实还是可以有所作为的，如针对银行的上浮利率做出最高幅度的限定等。在大环境下政府处于两难之中，一方面需要医治 CPI；另一方面需要医治经济下行，或许只能在两者之间往返兼顾，因为只有 CPI 的减压才能稳定民生，先稳定后发展；但是，如果经济指标长期下滑，也将危及社会的基本收入和消费，终将反过来危及民生。所以，政府必须游离于两者之间的预调微调之中，平衡经济领域中各个群体的贫富不均。

随着我国社会主义市场经济的不断发展，小微企业大量涌现，已经超过 4 000 万家，其中包括 3 700 多万家工商个体户，吸纳了两亿多人口就业。量大面广的小微企业，一头连着经济繁荣，一头连着社会稳定。它们分布在国民经济的各个行业，创造了 60% 的国内生产总值、50% 的税收和 80% 的就业岗位。不过，由于小微企业规模小、产品单一、经营分散，与大中型企业相比处于弱势地位，往往被忽视、被轻视，尤其在经济出现较大波动时，更容易受到冲击，显得非常脆弱。国际金融危机爆发以来，国内小微企业普遍面临出口订单下滑、要素成本上升等前所未有的严峻挑战和冲击，生存发展依然艰难。

以浙江省为例，全国工商联调研表明，2013年下半年至今，当地规模以上小型企业的工业增加值、出口交货值、利润增速等均出现明显回落。党中央、国务院高度重视促进小微企业的发展，近年来制定了一系列相关政策措施，从2009年发布《关于进一步促进中小企业发展的若干意见》，到2010年发布《关于鼓励和引导民间投资健康发展的若干意见》，积极营造良好环境，促进中小企业发展。2011年11月17日印发《关于免征小型微型企业部分行政事业性收费的通知》，减轻小微企业负担，促进小微企业的发展。

"新形势下促进小型微型企业健康发展具有重大战略意义。"工业和信息化部部长苗圩表示，小型微型企业约占企业总量的97.3%，是我国实体经济的重要基础，在促进经济增长、增加就业、科技创新和社会和谐稳定等方面具有不可替代的作用。

对小微企业而言，百年一遇的国际金融危机无异于席卷而来的一场巨浪。然而，在国家一系列扶持政策的指引下，一批小微企业抓住机遇与风浪搏击，迎难而上，积极找寻自我救赎之路，通过整合资源、科技创新等提高核心竞争力，不断加大转型升级的步伐，展现出了勃勃生机。

二、中国小微企业的挑战与机遇

（一）挑战篇

当前，小微企业受国内复杂多变的经济形势影响，生存压力不断加大。尽管多年来我国为了改善小微企业的生存环境，不遗余力地从政府、金融机构以及民间等多种渠道消除阻碍小微企业融资的因素，但小微企业融资困境并没有从根本上得以改善。调研发现，目前小微企业发展现状主要存在以下几个方面的问题：

1. 部分小微企业资金短缺，融资难且贵

这是小微企业当下面临的严峻现实。由于难以享受银行的服务，无可奈何之下，小微企业不得不从民间借贷。据山西省太原市统计局统计数据，2011 年该省规模以下工业企业民间借款余额 58.35 亿元，占全部借款余额的 38.4%；仅民间借款利息就达 4.65 亿元，同比增长 20.6%，民间借款平均利率由上年同期的 10% 上升到 2011 年的 10.7%。另一方面，据全国工商联在浙江等地的调查，有小微企业反映，即便享受到银行的服务，实付利率也不低，有的甚至高达中国人民银行规定的基准利率的 4 倍。这主要是合同外的额外费用导致的，包括账户管理费、融资咨询费、顾问费等。在局部地方，某种意义上讲，民间借贷是明的高利贷，银行融资是暗的高利贷。

2. 企业税负偏重，政府扶持政策落实难

除了缴纳税款，中小微企业还要承担教育附加费、水资源费、残疾人就业金，以及工商、环保、卫生、质监、公安等部门征收的行政性收费。有些部门和单位落实扶持政策力度不够，一是"雷声大，雨点小"。一些单位与部门对小微企业的态度是：说起来重要，干起来次要，忙起来不要。因为各种原因，国务院出台的政策有的到基层单位就落实不了。一方面是因为有些政策的操作性不强；在很多小微企业看来，政府提供支持有非常多的

前提条件，这使小微企业争取扶持的成功率变得很低；另一方面，政府对小微企业支持的标准不清晰。二是政策出台过于密集，某种程度上影响了政策的落实和实际作用的发挥。近年来，各级政府第一个政策出来还没落实，第二个就出来了，谁还追究第一个到底有没有落实？也不知道什么时候第三个政策会接着下来。于是，等待、观望就成了一些地方政府和部门的选择。三是宣传力度不足，导致不能全面覆盖。国家为支持小微企业出台了许多政策和指导意见，但有些小微企业对这些政策并不十分了解，或者根本不知道有此政策。这种情况的产生一方面是因为有些企业主对政策的关注度不够；另一方面也反映出政府和小微企业之间的互动仍不够。

3. 人工成本提高，生产要素价格上涨过快

"企业虽小，成本不少。负重难行，苦熬天明。" 2013 年 11 月 25 日，一位在北京做油漆生意的小微企业主王女士在接受《中国经济时报》记者采访时，即兴赋诗一首，形容她这几年来经营企业的一点感受。正如王女士所发感慨，大部分的小微企业依旧是负重难行。而造成小微企业生存艰难的主要原因之一就是劳动力、融资、原材料等各种成本的上升，加重了小微企业的负担，侵蚀着小微企业的利润；"与去年相比，在所有经营成本中，人力资源成本上升最高。" 2013 年 10 月 9 日，合肥晟泰克汽车电子有限公司副总经理谢菽芬向中国经济时报记者抱怨，前几年，企业的社保支出大概在 10 万元左右，现在翻了好几番，一年大概需要三四十万元。而且，随着《劳动法》对企业的要求越来越严，企业还要面临一些其他成本，比如上班途中员工发生交通事故，企业需要负责等。

4. 市场需求持续低迷，行业竞争压力增大

据国家统计局达州调查队 2012 年 6 月发布的调查快讯称，达州小微工业企业发展形势依然严峻。调查资料显示，在调查的 32 家小微工业企业中，目前已有 7 家倒闭。23 家正常生产企业 1～5 月主营业务收入总额为 16 389.2 千元，较上年同期减少 0.04%；万元主营业务收入消费的能耗为 253 千瓦时，较上年同期增长 22.2%。由于用工及原燃材料等价格上涨，导致其利润空间明显缩小。此次抽中的小微工业企业除自来水生产、电力等传统行业外，其余多为煤炭、采矿、建材等资源行业。同时，23 家正常生产企业 1～5 月户均主营业务收入仅为 712.6 千元。表明企业经营规模普遍偏小，经济实力较弱，抗风险能力较差，市场生存能力不强。

5. 企业订单少，盈利水平下降

《中国经济时报》记者 2012 年 5 月对浙江的温州、台州两个小微企业较为集中的地区进行采访发现，当地小微企业普遍面临原材料、劳动力、融资等成本上升的压力，同时受国际和国内需求不足的影响，订单、产能、销售、利润等指标均出现不同程度的下滑。订单数量减少是小微企业、特别是出口型小微企业面临的痛苦之一，发达经济体需求的减少，人民币对美元、欧元等主要贸易货币不同程度的升值以及小微企业对客户黏性较低，这些都直接影响着订单的数量。浙江经济外向关联度高，在这方面比较敏感。从抽样调查结果来看，2013 年 1～5 月，浙江四成企业销售减少，只有两成企业销售增加，其余持平；五成企业订单减少，两成企业订单增加。温州一家鞋业公司的产品也是以出口为主，年产值 2 亿多元，由于受国际国内市场低迷的影响，与往

年相比订单也有所减少。该公司董事长表达了接国际订单的一个难处："我们出口型企业，定价权掌握在进口方，如美国，根据他国的市场需求和市场承受力来定价，我们不降价订单就会减少，降价企业赚不到钱，处在两难境地。"

6. 企业创新能力弱

小微企业在设立之初，主要资产集中在轻资产，由于没有足够的资金及固定资产，在注册时就给排除在门外了。技术、品牌、自主知识产权等无形资产是创新型公司的核心资产，"轻资产"在资产评估时面临很大难度，源于国内至今没有建立起良好的"软资产"评估机构。

行业政策的不确定性及政出多门造成企业创新难，如新药研发前有科技部、卫生部的政策扶持，最终获得了上市资格——新药证书和生产批文。新药价格是国家发改委定价的，市场准入又有药品招标及医保目录限制，到头来，新药研发企业落得个"叫好不叫座"。大笔投入有很大的政策风险（在申报新药 4～5 年时间内，就要面临《新药注册管理办法》的两次变动，如此频繁的政策变动从 1999 年以来每隔两年发生一次）。国内医药行业的经营者苦不堪言，创新主体从某种意义上成了政策频繁变动的牺牲者。

小微企业融资难造成企业创新缺乏必要的大量资金，失去创新条件的小微企业发展是难上加难。一个新药研发企业好不容易熬到一定规模了，要想融资，企业苦于没有太多的抵押物。实际上，研发企业资产的存在形式——"新药证书"与传统企业有很大不同，它是知识产权存在的一种形式。目前的银行服务与企业需求这个发展趋势是背离的。银行有的是数砖头的人才，而没有懂科技项目的人才，所以，不少小微企业为了融资方便，不得已花银子去买地，因为只有这样才能迎合银行数砖头的要求。不从根本上解决银行数砖头的本性，创新型小微企业融资难在短期内实难会有很大突破。

小微企业的困境主要就是"两难两高"：融资难、用工难；成本高、税费高。究其原因，一是小微企业自身存在问题。小微企业规模小、实力弱，产业结构不合理，处于产业链和价值链的低端，资本结构单一、产权不明晰，产品技术含量低，附加值低，缺乏核心竞争力，与大企业竞争通常处于劣势，再加上缺乏有效的组织，不能抱团式和链条式发展，各自为战，形成不了行业的产业优势。二是过度竞争导致企业效率低下，小微企业产品同质性高，为求生存与发展，在激烈的竞争中，小微企业一方面相互打压、排挤；另一方面采取超常规，甚至是非法的手段来降低生产成本，导致资源利用效率下降、市场秩序混乱，企业效益低下。三是金融机构服务体系还需不断完善，包括融资渠道结构、小微企业集合债券、票据和信托等产品发展、信用风险分担机制、融资性担保公司资本实力和经营状况、银行业金融机构服务等。四是外围市场的不景气，使得小微企业对外贸易增速放缓，呈逐步下滑趋势，尤其是对从事外贸的小微企业影响尤为显著。欧美等主要国家消费市场需求萎缩，小微外贸企业在接单方面竞争激烈、单价低、风险大，接近九成的企业订单普遍减少三至五成，而接到的订单又以短单、急单居多。

（二）机遇篇

小微企业有大作为、大贡献。小微企业是提供新增就业岗位的主要渠道，是社会稳定的重要基础，是企业家创业成长的广阔舞台，是科技创新的动力源泉。国家和各地方政府认识到，支持小微企业健康发展对我国经济克服国际金融危机的后续影响、保持平稳较快发展具有重要的、长远的战略意义。小微企业的机遇主要表现为国家各方面政策的扶持。

到目前为止，除国家层面的扶持政策外，各地政府均出台了扶持小微企业发展的措施，如表 4 - 1 所示。

表 4 - 1　　　　各地方政府扶持小微企业发展政策

地区	时间	政策
上海市	2011 年 9 月 6 日	出台"三个 10 亿元"财政支持政策和三项财政配套措施，侧重支持科技型小微企业融资。"三个 10 亿元"：一是设立总量规模为 10 亿元的市级财政专项资金，通过市有关国有投资公司以投资参股商业性融资担保机构的方式，支持和引导本市商业性融资担保机构做大做强；二是安排总量规模为 10 亿元的科技信贷风险补偿财政专项资金，通过建立健全科技信贷风险分担机制，进一步调动商业银行从信贷投向上支持和促进本市科技型中小微企业加快发展的积极性；三是由市级财政和市国有投资公司共同出资设立总量规模为 10 亿元的投资专项资金，通过建立与商业银行的"投贷"、"投保"联动机制，进一步支持和引导商业银行不断加大对中小微企业的信贷倾斜力度。"三项配套措施"：一是在市对区县的财政转移支付中，专门新设中小微企业发展专项转移支付项目；二是进一步加大对处于初创期的小额贷款公司的财政扶持力度；三是积极创新为中小微企业融资服务的有效方式。
宁波市	2011 年 10 月 29 日	发布《关于保增促调推进小微企业平稳健康发展的若干意见》，提出通过税收减免、缓交社会保险费、实施社保补贴和岗位补贴等措施，减轻企业负担；通过统筹安排中小微企业发展专项资金等扶持机制，提升企业活力；通过设立中小微企业贷款风险补偿和融资性担保风险补偿等，规范金融秩序，改进金融服务。另外，在支持兼并重组、淘汰落后产能、优化政府服务等方面，也提出了导向明确的措施。
中山市	2009 年 1 月	推出五项扶持措施：一是完善信用担保体系建设；二是奖励民间资本进入金融领域，推进村镇银行、小额贷款公司等新型金融机构发展；三是鼓励金融机构创新，开发出更多新兴融资工具；四是实施重点小微企业融资扶持政策；五是拓宽企业直接融资渠道，大力推动优质小微企业上市融资。

续表

地区	时间	政策
厦门市	2012 年 9 月 4 日	通过厦门市中小在线网站服务小微企业，建立小微企业融资超市，进行小微企业与银行对接，在网络上建立银行贷款快速通道。同时，建立完善的征信体系，通过第三方评级机构为小微企业建立信用档案、信用报告。
东莞市	2010 年 9 月	政府将"科技东莞"工程资金从前 5 年的每年 10 亿元提高到 20 亿元，用于建设公共创新平台、工程技术研发中心，支持企业设立研发中心，提高小微企业自主创新能力。
湖北省	2013 年 8 月	湖北省地税局正联合湖北省经信委遴选、推荐一批中小微企业信用担保机构，上报国税总局，获批的机构将享受 3 年免征营业税的优惠。3 年免征期满的担保机构，若符合条件，可继续提出减免申请。
重庆市	2013 年 8 月	重庆市政府审议通过了《重庆市人民政府关于进一步支持小微企业健康发展的实施意见》。提出加大对小微企业信贷倾斜，切实缓解小微企业融资困难；要按照国家要求，推动结构性减税，落实国家对小微企业各种税收优惠政策，减轻小微企业税费负担。
甘肃省	2013 年 5 月	为促进甘肃省中小微企业及非公有制经济健康发展，规范中小企业发展专项资金的使用管理，提高资金使用效率，甘肃省工信委联合省财政厅制定并下发《甘肃省中小企业发展专项资金管理暂行办法》（下称《办法》）。《办法》明确，专项资金的 80% 将用于支持中小微企业（非公有制企业）技术改造，20% 用于支持中小微企业服务体系建设。

对作为浙江省"名片"的小微企业，浙江省尤其支持小微企业的发展，推出了 13 项具体的扶持政策，详见表 4-2。

表 4 - 2　　　　　浙江省小微企业创业创新扶持政策一览

序号	扶持政策内容或条款	政策条款出处	政策享受期限	政策享受条件	具体落实细则或享受政策的流程
1	鼓励引导个体工商户转型为企业	《关于发挥职能作用鼓励引导个体工商户转型为企业的意见》	长期	个体工商户	(1) 个体工商户可以自主选择转型后的企业类型; (2) 个体工商户注销登记和企业设立登记可合并办理; (3) 企业可以继续使用转型前个体工商户的字号; (4) 转型前个体工商户的登记档案和转型后企业的登记档案可合并保存; (5) 转型后属于小型微型企业的, 依法免征企业注册 (变更) 登记费、年检费、补 (换)营业执照工本费
2	放宽住所和经营场所登记条件	《关于深化行政审批制度改革提升效能的意见》	长期	(1) "一址多照", 主要面向股权投资企业、电子商务、文化创意、软件设计、动漫游戏等现代服务产业; (2) "一照多址", 主要面向无须前置审批的企业, 涉及前置审批的企业, 如果许可证件上记载了经营场所, 也可参照办理	(1) 同一地址可以作为两个以上企业的住所; (2) 如果住所和经营场所在同一县域范围内的, 可以申请在企业营业执照"经营范围"后加注经营场所地址, 免于分支机构登记

序号	扶持政策内容或条款	政策条款出处	政策享受期限	政策享受条件	具体落实细则或享受政策的流程
3	允许林权出资	关于印发《浙江省林权出资公司登记管理暂行办法》的通知	长期	林权权属清晰，权能完整，有合法有效的林权证；本省行政区域内，依法可以流转并办理林权证变更登记	需对林权评估、验资，办理权证变更手续
4	允许海域使用权出资	《关于贯彻省委省政府支持浙商创业创新和扩大有效投资决策部署的实施意见》	长期	(1) 海域使用权应通过有偿方式取得，依法可以流转；权属清晰、权能完整，有合法有效的海域使用证；(2) 该海域开发利用已满一年，并已缴清海域使用金，实际投资（不包括海域使用金）已达计划投资总额20%以上	办理评估、验资手续，并经海洋行政主管部门批准
5	高校、科研院所转化职务科技成果以股份或出资比例等股权形式给予科技人员个人奖励，获奖人在取得股份、出资比例时，暂不缴纳个人所得税	《关于促进科技成果转化有关税收政策的通知》《关于促进科技成果转化有关个人所得税问题的通知》《关于取消促进科技成果转化暂不征收个人所得税审核权有关问题的通知》	长期	科技人员必须是科研机构和高等学校的在编正式职工；科研机构指按中央机构编制委员会和国家科学技术委员会《关于科研事业单位机构设置审批事项通知》的规定设置审批的自然科学研究事业单位机构；高等学校是指全日制普通高等学校	将职务成果转化为股份、投资比例的科研机构、高等学校或者获奖人员，应在授（获）奖后30日内，向主管税务机关提交相关部门出具的《出资入股高新技术成果认定书》、技术成果价值评估报告和确认书，以及奖励的其他相关资料，符合条件即可享受该项政策

续表

序号	扶持政策内容或条款	政策条款出处	政策享受期限	政策享受条件	具体落实细则或享受政策的流程
6	对符合产业政策的小微企业,自创立之日起3年内免征、第4～5年减半征收水利建设专项基金	《浙江省人民政府办公厅关于促进小型微型企业再创新优势的若干意见》	从2012年1月1日起	(1) 2012年1月1日之后创立;(2) 符合产业政策;(3) 符合小微企业划型标准	(1) 《浙江省地方税务局税费优惠申请表》(微型企业填写《浙江省地方税务局税费优惠备案登记表》);(2) 营业执照复印件;(3) 符合产业政策的小微型企业认定证明;(4) 从业人员清册(营业收入超过小型企业标准的企业报送)
					微型企业由主管地税机关登记备案确认后执行;小型企业实行分级审批,年度减免额在30万元(含)以下的由市县地方税务局、财政局审批;超过30万元的由市县地方税务局、财政局报省地税局、省财政厅审批
7	实行工商审批业务一个窗口统一受理	《关于实行工商审批业务一个窗口统一受理的有关事项的通知》	长期	工商审批事项原则上都应纳入当地行政服务中心(原由工商所设窗口对外受理的业务不变),进入行政服务中心有困难的,在局机关设立窗口统一对外办理	实行集中办理的审批业务范围包括:企业登记、广告审批、食品流通许可、市场名称登记、动产抵押登记、拍卖备案、格式合同备案等

续表

序号	扶持政策内容或条款	政策条款出处	政策享受期限	政策享受条件	具体落实细则或享受政策的流程
8	推行多证联办和并联审批	《关于深化行政审批制度改革提升效能的意见》	长期	依法注册登记、合法经营的企业	(1) 多证联办是在政府牵头下，工商部门与质监、税务、公安、统计及人民银行等部门对接，实现营业执照、组织机构代码证、税务登记证、公章刻制备案、统计登记证、开户许可证等办理程序的并联提速；(2) 并联审批是在政府牵头下，企业登记的各前置审批部门之间通过"并行审批、联合踏勘、限时办结"，减轻企业负担，提高审批效率
9	推动小微企业集聚发展。加强创业基地建设	《浙江省人民政府办公厅关于促进小型微型企业再创新优势的若干意见》	长期	符合产业发展导向的小微企业	合理安排一定量的用地指标用于标准厂房建设。支持各地在符合土地利用总体规划和城乡规划的前提下，兴建多层工业标准厂房。指导各地鼓励小微企业租赁或者购买工业标准厂房，引导小微企业集聚发展。对小微企业在不改变土地用途且符合城镇规划的前提下，提高工业用地容积率的，不再增收土地出让金

续表

序号	扶持政策内容或条款	政策条款出处	政策享受期限	政策享受条件	具体落实细则或享受政策的流程
10	支持企业兼并重组	《关于发挥工商登记职能支持企业兼并重组的若干意见》	长期	拟合并或者分立的企业	（1）支持企业以多种方式办理合并分立手续；（2）允许企业自主选择合并分立后存续或新设企业的公司类型，自主约定注册资本、实收资本、出资份额；（3）简化企业合并分立登记手续
11	研究开发费用加计扣除政策	企业所得税法及其实施条例、国家税务总局《关于印发〈企业研究开发费用税前扣除管理办法（试行）〉的通知》	长期	依法注册登记、合法经营，并按规定开展研究开发活动的企业	研究开发费用加计扣除政策按事先备案项目管理，纳税人应按规定向主管税务机关报送相关资料，提请备案。主管税务机关在受理备案申请后，7个工作日内完成备案登记工作，告知纳税人是否符合税收优惠条件

序号	扶持政策内容或条款	政策条款出处	政策享受期限	政策享受条件	具体落实细则或享受政策的流程
12	加快发展创业风险投资。鼓励和促进社会各类资本特别是民间资本进入小微企业创业风险投资领域	《浙江省人民政府办公厅关于促进小型微型企业再创新优势的若干意见》	长期	创业投资企业采取股权投资方式投资于未上市的中小高新技术企业两年以上的，可以按照其投资额的70%在股权持有满两年的当年抵扣该创业投资企业的应纳税所得额；当年不足抵扣的，可以在以后纳税年度结转抵扣	纳税人持《浙江省地方税务局税费优惠备案登记表》、经备案管理部门核实后出具的年检合格通知书或年检合格名单复印件；关于创业投资企业投资运作情况的说明；中小高新技术企业投资合同或章程的复印件、实际所投资金验资报告等相关材料；中小高新技术企业基本情况〔包括企业职工人数、年销售（营业）额、资产总额等〕说明；由省、自治区、直辖市和计划单列市高新技术企业认定管理机构出具的中小高新技术企业有效的高新技术企业证书复印件等材料向主管税务机关申请税费优惠备案，主管地方税务机关应在受理备案类税费优惠后7个工作日内完成备案登记工作

中国质量信息网报道，全国各地海关坚持优化监管服务，推出"提前报关""分类通关""多点报送、口岸验放""24 小时预约加班""船边验放"等举措，积极为企业提供个性化服务；进一步落实各项优惠政策和便利措施，继续简化手续，加快通关速度，拓展监管时空，推行审价和征税进口货物、税款网上支付等便捷措施；落实对小微外贸企业免征海关监管手续费的规定，对信誉良好的小微企业给予通关便利；深入企业调研，了解企业通关过程存在的困难，提供通关业务咨询，认真对待企业提出的各种要求，并列为重点工作加以研究，在政策允许范围内予以全力支持。

近年来，国家密集出台政策和措施扶持小微企业的发展，帮助小微企业摆脱"成长的烦恼"。

1. 财政扶持方面

（1）落实支持小微企业发展的各项税收优惠政策。在税收减负方面，中央和地方已经做了大量的工作，将小型微利企业减半征收企业所得税政策延长至 2015 年底；自 2011 年 11 月 1 日至 2014 年 10 月 31 日，对金融机构与小型微型企业签订的借款合同免征印花税，将金融企业涉农贷款和中小企业贷款损失准备金税前扣除政策延长至 2013 年底。提高增值税和营业税起征点，这对小微企业具有明显的针对性，直接缓解了它们的困难状况。事实上，对于小微企业来说，还有很大的减税空间为其创造更为有利的税收政策环境。除了省里的红头文件，地方也出台相应扶持政策，以温州、台州为例。温州出台了"1 + 17"系列扶持政策，在税费等方面，对符合条件的小微企业，减按 20% 的税率征收企业所得税。扩大小微企业减半征收企业所得税政策享受范围和年限，自 2011 年到 2015 年底，对年应纳税所得额低于 6 万元的，其所得减按50%计入应纳税所得额，按20%的税率缴纳企业所得税。

（2）政府采购支持小型微型企业发展。负有编制部门预算职责的各部门，拿出年度政府采购项目预算总额一定比例的份额面向小微企业采购，并对其产品给予一定的价格扣除。鼓励大中型企业与小型微型企业组成联合体共同参加政府采购，小型微型企业占联合体份额达到一定比例的，可给予联合体相应价格扣除。

（3）优化中小微企业发展专项资金。不断扩大专项资金的规模和支持的业务范围，同时减免小微企业行政事业性收费，切实减轻小微企业的负担。例如，发行小微企业贷款专项金融债，河北银监局日前出台《深化小微企业金融服务工作的意见》提出，河北将支持符合条件的省内法人银行结合自身实际，在科学有效运用资金、合理调整资产负债结构的基础上，申报发行小微企业专项金融债。发行小微企业专项金融债所筹集的资金应实行专户管理，必须全部用于发放小微企业贷款。河北将支持、鼓励辖内银行业金融机构开展金融创新，在做好风险防范和管理的基础上，按照"先试先行"指导思想，稳步探索小微企业金融服务的新模式、新产品、新渠道。降低小微企业融资成本，河北要求各银行业金融机构坚决落实执行《关于支持商业银行进一步改进小型微型企业金融服务的补充通知》。中小微企业贷款"两免两限"规定，即除银团贷款外，不得对小微企业贷款收取承诺费、资金管理费，严格限制对小微企业及其增信机构收取财务顾问费、咨询费等费用，切实降低小微企业融资成本。工业和信息化部中小企业司司长郑昕在第八届APEC中小企业技术交流暨展览会上表示，工信部将继续开展扶助小微企业专项行动，优化企业发展环境，引导和促进小微企业提高发展质量和效益，实现持续健康发展。新疆维吾尔自治区经信委副主任、自治区中小企业局局长周超介绍，自治区中小企业发展专项资金从 2005 年设立时的 1 500 万元，增至 2010 年的 1 亿元，以后每年递增 20%，2013 年已达 1.728 亿元。近年来，自治区支持中小微企业发展实施多部门联动，各类专项扶持资金几乎涵盖所有部门，仅自治区经信系统就有技术改造资金、新产品新技术开发推广资金、特色轻工、民生工业等十余项资金。

2. 金融扶持方面

（1）拓宽小微企业融资渠道。搭建方便快捷的融资平台，支持符合条件的小微企业发行债券。逐步扩大小微企业集合票据、集合债券、集合信托和短期融资券等发行规模。完善创业投资扶持机制，在合法、合规和风险可控前提下，由商业银行自主确定贷款利率，对创新型和创业型小型微型企业可优先予以支持；支持小微企业采取知识产权质押、仓单质押、商铺经营权质押、商业信用保险保单质押、商业保理、典当等多种方式融资；加快小微企业融资服务体系建设，为创新型小型微型企业创造良好的投融资环境。例如，相对庞大的需求，新增贷款仍是"僧多粥少"，因此，中国银行绍兴市分行首先做好海外加法，发挥中国银行海内外一体化经营的优势，当好"资金红娘"，运用协议融资、协议付款、内保外贷等产品促进企业无缝对接海外中国银行；其次，做好腾挪加法，该行强化金融杠杆作用，提高投放边际效应，"腾笼换鸟"加大资产转卖力度，腾出规模 66 亿元，把有限的资源满足重点客户、中小微企业发展；最后，该行还做好资本市场加法，依托大投行工具，帮助多家企业从资本市场直接融资 20.1 亿元，从资本市场引来了"源头活水"。

截至 2013 年 12 月末，主要金融机构及小型农村金融机构、外资银行人民币小微企业贷款余额 13.21 万亿元，同比增长 14.2%，增速比上季度末高 0.6 个百分点，比同期大型和中型企业贷款增速分别高 3.9 个和 4 个百分点，比同期全部企业贷款增速高 2.8 个百分点。

2013 年 12 月末，小微企业贷款余额占企业贷款余额的 29.4%，比 9 月末占比高 0.3 个百分点；全年小微企业新增贷款占同期全部企业新增贷款的 43.5%，比 1~9 月增量占比高 0.1 个百分点。截至 2013 年末，全国共有小额贷款公司 7 839 家，贷款余额 8 191 亿元，全年新增贷款 2 268 亿元。

（2）加强对小微企业的信用担保服务。大力推进中小微企业信用担保体系建设，加大中央财政资金的引导支持力度，鼓励担保机构提高小微企业担保业务规模，降低对其担保收费；积极发展再担保机构，强化分散风险、增加信用功能；改善信用保险服务，定制符合小型微型企业需求的保险产品，扩大服务覆盖面；加快推进企业信用体系建设，开展企业信用信息征集和信用等级评价工作。例如，招商银行上海分行从小微企业融资"短、小、频、快"的特点出发，近年先后推出无抵押、免担保、放款快的小额信用贷；定向解决上下游企业资金难题、提升供应链竞争能力的供销流量贷；突破"以押定贷"的桎梏、契合服务业模式的 POS 流量贷；一次签约，永续使用的自动转贷；一个电话、贷款到家的空中贷款平台；2 天审批、3 天放款的信贷工厂模式等特色服务。其中，个人供销流量贷项目已为多家大型企业及其 800 多户下游经销商提供了贷款服务，2013 年累计生效授信 789 笔，金额达 8.98 亿元。

（3）规范对小微企业的融资服务。一是建立和完善小微企业金融服务"六项机制",包括利率风险定价机制、独立核算机制、高效审批机制、激励约束机制、专业人员培训机制和违约信息通报机制;二是督促商业银行建立小微企业专营机构,鼓励商业银行在小微企业金融服务相对薄弱的地区优先设点,推进新型农村金融机构建设,完善小微企业金融服务机构体系;三是要求银行业金融机构对小微企业贷款的增速不低于全部贷款平均增速,增量高于上年同期水平;四是针对小微企业的经营管理特点和风险特征,银监会完善监管制度框架,通过适当放宽小微企业金融服务机构准入,对小微企业贷款的资本耗用和存贷比实行差异化考核等差别化监管和激励政策。另一方面,清理纠正金融服务不合理收费。禁止金融机构对小微企业贷款收取承诺费、资金管理费;严格限制金融机构向小微企业收取财务顾问费、咨询费等费用;有效遏制民间借贷高利贷化倾向以及大型企业变相转贷现象,依法打击非法集资、金融传销等违法活动;严格禁止金融从业人员参与民间借贷;研究制定防止大企业长期拖欠小型微型企业资金的政策措施。例如,招商银行上海分行加强与市中小企业办、市科委、各区经委、园区管委会等职能部门的合作,将主要科技园区以及先进制造业、现代服务业中小企业聚集区域所在支行定位为"千鹰展翼"专业支行;同时,明确将小微企业商圈、专业市场等小微客群集中区域作为该行布点重点区域,在这些区域不断下沉服务,做精、做专、做透区域小微企业市场,切实缓解小微企业"融资难"问题。

3. 技术扶持方面

(1)提升小微企业创新能力。实施中小微企业创新能力建设计划,鼓励有条件的小微企业建立研发机构,参与产业共性关键技术研发、国家和地方科技计划项目以及标准制定；鼓励产业技术创新战略联盟向小型微型企业转移扩散技术创新成果；支持在小微企业集聚的区域建立健全技术服务平台，集中优势科技资源，为小微企业技术创新提供支撑服务；鼓励大专院校、科研机构和大企业向小微企业开放研发试验设施；实施中小微企业信息化推进工程，重点提高小微企业生产制造、运营管理和市场开拓的信息化应用水平。据《中国经济时报》调查，尽管近年来国际经济形势不太好，但在广东顺德做外贸生意的冯兆雄依旧乐观。"我们的市场每年都是稳步上升的，明年的情况会更好。" 2013 年 10 月 15 日，广东永安丝印器材有限公司经理冯兆雄接受采访时表示，市场的好坏同产品的品牌、品质有关。如果产品的品质在行业中始终过硬，诚信和质量都能够得到保证，那么你就有客户。据冯兆雄介绍，为了创品牌、保品质、开拓市场，他们非常注重技术研发。"从 1996 年开始，我们就参与制定了国家标准和行业标准，其中，很多标准都由我们进行起草。今年，中国印染纺织工业协会会将一个研发中心放在顺德这边。"冯兆雄说，他们每年都要到国外参加展会，学习别人的工艺，回来后进一步改进自己的工艺。

（2）提高小微企业知识产权创造、运用、保护和管理水平。加强宣传和培训，普及知识产权知识，推进重点区域和重点企业试点，开展面向小微企业的专利辅导、专利代理、专利预警等服务，加大对侵犯知识产权和制售假冒伪劣产品的打击力度，维护市场秩序，保护创新积极性。

（3）加快淘汰落后产能。严格控制高污染、高耗能和资源浪费严重的小微企业发展，防止落后产能异地转移；严格执行国家有关法律法规，综合运用财税、金融、环保、土地、产业政策等手段，支持小微企业加快淘汰落后技术、工艺和装备，通过收购、兼并、重组、联营和产业转移等获得新的发展机会。例如，据《中国经济时报》报道，2013年10月9日，安徽省合肥威尔燃油系统有限责任公司运营总监韩前旗告诉采访者，为应对人工成本增加，企业一直在进行技术改造，机器升级换代，提高生产效率，虽然产量在增加，但员工数基本未变；此外，由于原材料成本转嫁不出去，于是就开发新产品，将销量搞上去，靠薄利多销降低成本，提高利润。

针对小微企业发展现状面临的难题，中央进一步加大对小型微型企业的扶持力度，决定从2012年1月1日至2014年12月31日，对小型微型企业免征管理类、登记类、证照类行政事业性收费，具体包括企业注册登记费、税务发票工本费、海关监管手续费、货物原产地证明书费、农机监理费等22项收费。除了已经出台的各项扶持政策，还有许多工作需要细化，其中包括：

第一，相关部门应积极按照国务院常务会议提出的支持小微企业现状的金融、财税政策九项措施办事，紧密与商业银行加强沟通与联谊，并提请商业银行对小微企业的资金需求提供信贷支持。要提高小型微型企业增值税和营业税起征点以及进行结构性减税。加大对符合国家产业和环保政策、能够吸纳就业的科技、服务和加工业等实体经济的支持力度，引导和帮助小型微型企业稳健经营、增强盈利能力和发展后劲。

第二，资本市场要为小微企业股权融资创造有利条件。逐步扩大小微企业集合票据、集合债券、短期融资券发行规模，积极稳妥发展私募股权投资和创业投资等融资工具。进一步推动交易所市场和场外市场建设，包括中小板和创业板以及三板市场建设。拥有符合国家重点产业调整和振兴规划要求的新技术、新工艺、新设备、新材料、新兴业态项目的小微企业应将陆续成为上市公司中的一员，以改善小微企业股权质押融资环境，进而远离高利贷融资环境。

第三，尽快建立健全小微企业信用担保制度。小微企业信用担保制度能够有效分散金融机构对小微企业融资的风险，切实解决小微企业融资难问题。近年来全国小微企业信用担保体系建设已取得积极进展。下一步，中小微企业与小微企业信用担保机构要通过合理确定并适当降低贷款担保收费标准，简化贷款担保手续，缩短贷款担保办理时间等办法提高信用担保质量。还要加强与银行协商，争取在授信额度内采取"一次授信、分次使用、循环担保"方式，提高审保和放贷效率。另外，促进小微企业的健康发展是一项长期性的战略任务。我们在扶持小微企业发展的同时，也要加大对技术含量高、发展潜力足、前景广阔的小微企业的关注，并助推小微企业加快产业转型升级，引导小微企业提高经营管理水平，加快品牌建设等。

三、结语

新时期下中国小微企业的生存环境并不理想，仍需从政策、市场、法律等方面去完善。只有具备了适合小微企业平稳较快发展的环境，小微企业才能真正挑起引领中国经济发展的重任；只有克服了融资难和税负重的主要困难、充分抓住国家各项政策扶持的机遇，小微企业才能迎来更好的发展。小微企业要提升自身竞争力去适应市场的变化，这要求企业要练好内功。中小微企业的当务之急是根据国外国内经济形势的变化及时地调整自身战略，这样才能捕获新机遇给予的市场份额，获得重生的新优势。

首先，思想观念上要调整思路，要从开发资源、滥用资源向整合资源、集约使用资源转变。其次，企业运作上要调整生产经营方式，要扭转重生产轻经营、重投资轻运营、重多元化全面开花轻核心优势的构建、重国外市场轻国内市场的方式。再次，要转变重个体轻组织、重眼前轻长远、重功利轻公益、重单打独斗轻合作的企业文化，小微企业只有在前进的道路上及时掌握最新动态，及时校准前进轨迹，才能顺利到达成功的彼岸。最后，要加强自主创新的力度。一要强化创新意识，树立创新理念。真正的核心技术、关键技术是买不来的，必须靠自主创新。应在企业内部打造尊重创新愿望、发挥创新才能、肯定创新成果的良好文化，激发企业职工的积极性和创造性；强化企业决策者的创新意识和创新理念，对风险和失败保持正确态度，勇于突破传统观念的束缚，敢于接受新思想、新观念，善于融合企业的各种资源进行创新。二要加快人才培养，重视产学研结合。小微企业应千方百计吸纳科技人才，不断壮大企业创新队伍；建立良好的激励机制，充分调动科技人才的积极性，切实发挥科技人才的创新作用；加强职工素质建设，进行多层次技术培训，广泛开展职工技术合作和技术交流。三要抓住有利时机，坚持品牌战略。品牌是企业的形象，对增强企业市场竞争力、促进经济发展具有重要作用。我国小微企业大多是代加工企业，主要进行贴牌生产，处于整个产业链的底端。要想扭转这种局面，小微企业就必须走品牌化道路，创立和发展自己的品牌。当前的国内外经济形势为我国企业创立和发展自己的品牌提供了有利时机，小微企业要抓住这次机会，提升自身核心竞争力，创出属于自己的发展道路。小微企业的发展不能仅仅依靠政府部门的扶持，更应该专注于自身竞争力的建设、内外兼修，这才是小微企业成功的正确道路。

第二节　2013：新兴中小企业主研究报告

一、2013：新兴中小企业主研究调查介绍及设计思路

当前，在中国经济增长放缓和结构转型的双重压力下，小微企业——这个数量最大、最活跃的群体处于何种生存状态？面临的最大难题是什么？小微企业对政府扶持有哪些期待？为回答这些问题，21世纪经济评论调查组对我国华南众多小微企业、各地的银行等金融机构以及地方政府主管部门采用调查问卷的形式进行调查，试图从小微企业基本情况、生存状况和发展之道三个方面立体呈现当前小微企业的生存现状和未来发展之路。调查问卷从问卷受众的男女比例、年龄段、参与组织、文化程度、日常工作情况等方面进行调查，通过数据分析反映小微企业主的基本情况；从小微企业的注册登记、资金来源、融资渠道、行业渠道和投资意向等方面反映小微企业的生存状况；通过分析各内外环境因素对小微企业发展的影响以及小微企业主为企业发展做出的不懈努力来探索小微企业的未来发展之路。

二、新兴中小企业主调查分析

经过对124份有效问卷的数据统计分析，为了可以对小微企业的基本情况、生存现状和未来发展之路有一个更深入的了解，下面通过一系列图表进行说明。调查问卷第一部分（基本情况）主要收集统计小微企业主的基本个人情况，深入了解小微企业主的背景经历，有助于更好地了解小微企业发展的历程。

通过问卷受众男女比例示意图可以看出，男性在小微企业创业中占据了86%的重要比例，而女性仅占14%，说明男性是创建小微企业的大部队；女性相对来说，开办小微企业的事情较少发生，显示女性开办小微企业的意愿或是机会比男性少（见图4－1）。

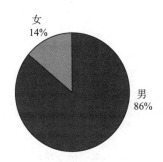

图4－1　问卷受众男女比例示意

从接受问卷调查的人群来看，"70后"和"80后"所占比例最大，分别有34%和54%。"60后"也占据了10%，但是"50后"和"90后"仅占1%，这说明"70后"和"80后"是最热衷于创办小微企业的人群。根据问卷数据分析，现有的小微企业主可能有一半以上都是"80后"。"80后"就业压力大、负担重或许是创办小微企业的内在动因（见图4－2）。

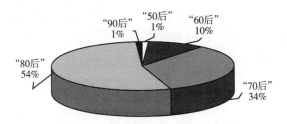

图4－2　问卷受众的出生年代示意

在接受问卷调查的人群中，大专生和大学生是占比最大的人群，其中大学生占比最大，达到了42%，大专生也有33%。拥有大学及以上学历的人超过了50%，说明小微企业主的文化水平主要集中在大学水平，拥有一定的学习能力和专业知识，能够在一定程度上帮助小微企业主看清未来的发展之路，抓住重要的商机（见图4-3）。

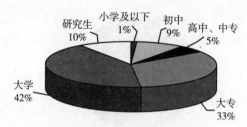

图4-3　问卷受众的文化程度示意

从图4-4可以看出各小微企业主在开办小微企业前的主要经历，小微企业主主要来自国有企业、其他私企和农村，在党政机关、集体企业、三资企业、港澳台企业、个体户、失业人员和国外留学工作者中分布的比较少而且较平均。在国有企业中，职员和工人又占据了56.8%，他们比国企中的负责人、技术人员和供销人员更愿意开办小微企业。私企中，负责人、技术人员、供销人员和职员、工人在开办小微企业中占比基本一样，可以看出，私营企业不管在哪一岗位，开办小微企业的可能性都基本一样大。农村来源中，外出打工者占73%，农民占27%，村干部没有开办小微企业的，说明外出打工者更容易从经济发达地区找到一定的商机，并通过外出打工积累一定的资本、开办小微企业。

从小微企业主参加的组织示意图中可以看出，78%的人是共青团员，共产党员只有22%（见图4-5）。

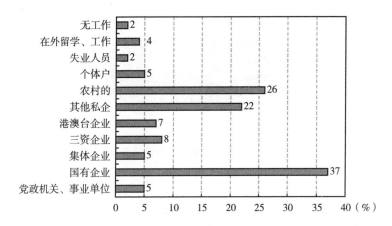

图4-4 开办小微企业前主要经历

图4-5 小微企业主参加的组织

从图4-6中可以看出，小微企业主中87%的人选择自己兼任企业的总裁或总经理，只有13%的小微企业主选择放权，聘用了专业的经理人出任总经理一职。这表明，小微企业的所有权和经营权高度聚合，两权分离的情况较少，基本不存在代理问题和代理成本。

从每周工作时间图来看，小微企业主每周工作时间在40～80小时的居多，有43%的小微企业主每周工作60～80小时，38%

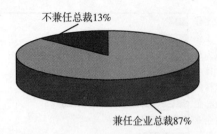

图4-6　小微企业主是否兼任总裁

的小微企业主每周工作40～60小时。平均下来，每天工作9个小时左右，工作时间比较正常，不存在过劳现象（见图4-7）。

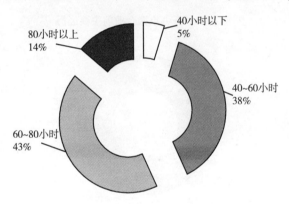

图4-7　小微企业主每周工作时间示意

从图4-8来看，有82.6%的小微企业主不希望子女接班，仅有17.4%的人希望子女接班，说明大部分小微企业主并不希望自己的子女接手自己的产业，而希望他们从事其他行业。但是，96.05%的子女已经参与了企业管理，这与小微企业主的意愿不相符，他们的子女中有97.01%不愿意接班。小微企业主中有85.71%不愿意生育下一胎，仅有14.29%愿意生育下一胎。

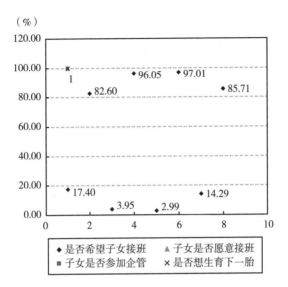

图 4 - 8　小微企业主对子女的意愿

　　参加调查问卷的人中，有 80% 的人没参加政府部门主管的行业协会，只有 20% 的人参加了行业协会，说明小微企业与政府间的沟通不是很好，行业协会还没有真正走入小微企业主的心里，行业协会并没有发挥出应有的作用（见图 4 - 9）。

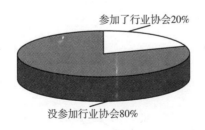

图 4 - 9　小微企业主参加行业协会情况

　　小微企业主中有 78% 的人没有宗教信仰，另外还有 16% 的人信仰佛教、6%的人信仰基督教（见图 4 - 10）。我国是一个宗教信仰自由的国家，小微企业主的宗教信仰受国家法律保护，小微企业主的宗教信仰呈现多元化发展趋势。

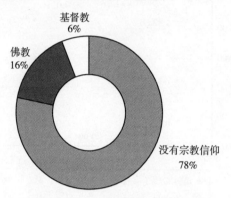

图 4 - 10 小微企业主的宗教信仰情况

根据问卷调查结果显示（见图 4 - 11），2003 年之前我国小微企业登记注册数量较少，2003 年有一个较大的发展，之后呈现稳步上升的趋势，在 2009 年开始迅猛发展，2013 年小微企业已经成为我国经济发展的重要推动力量，为社会提供了大量的就业岗位，对社会稳定做出了巨大贡献。

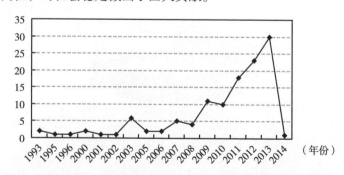

图 4 - 11 我国每年企业登记注册数量

根据调查问卷统计，我国小微企业注册类型最多的是有限责任公司，其次是股份有限公司和独资企业，一人公司和合伙企业较少，小微企业的注册类型呈现多元化的趋势，如图4-12所示。

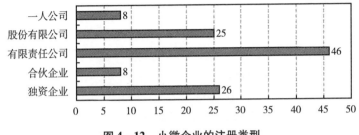

图4-12　小微企业的注册类型

根据图4-13资料显示，小微企业注册时的资金大多来源于小生意积累、工资或农业生产积累以及民间借贷。银行借贷、亲友馈赠和小作坊生产积累是次要的资金来源，而互联网金融和继承遗产是最少的资金来源途径。

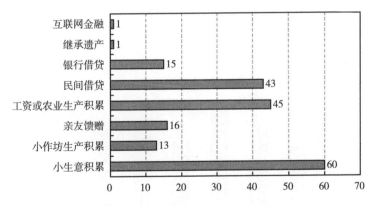

图4-13　小微企业注册资金来源

经过分析调查问卷的统计结果（见图4-14），从中选取了

5 个小微企业从事的主要行业，分别是制造业、批发零售业、信息技术服务业、住宿和餐饮业以及租赁和商务服务业。其中，制造业占据了重要比例，制造业成为小微企业的支柱行业；批发零售业位居第二，在小微企业中占据着重要地位；信息技术服务业、住宿和餐饮业以及租赁和商务服务业三个行业基本持平，属于第三层次的重要行业类型。

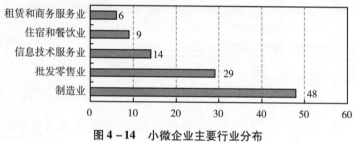

图 4 – 14　小微企业主要行业分布

参加调查问卷的企业中有 45 家的产品和服务属于"两高五新"的范围，其中，有 17 家属于高成长行业，有 15 家属于新经济类型，有 12 家属于新能源和新材料的范围，有 10 家是新服务的经营模式，还有 9 家企业拥有自主知识产权，仅有 1 家企业走农业产业化道路，如图 4 – 15 所示。

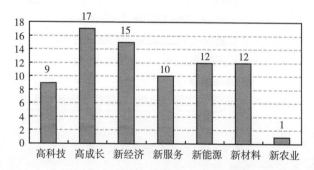

图 4 – 15　小微企业产品服务属于"两高五新"范围情况

　　调查问卷中，有 45 家企业的产品经过了质量管理体系认证，其中有 38 家通过了 ISO9000 系列认证，7 家通过了 CE 体系认证，17 家企业拥有食品安全 QS 体系认证。有的企业不仅通过了一项认证，有的同时通过了两项或三项认证，但通过最多的就是 ISO9000 系列认证，也是平时最多见的质量管理体系认证（见图 4 – 16）。

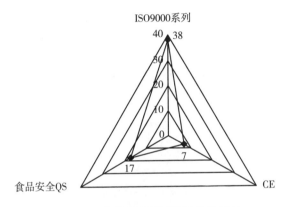

图 4 – 16　小微企业通过质量认证情况

　　从调查问卷的数据中选取了三个最大的资金借贷来源进行分析，其中个人借贷的比重最大，说明个人借贷还是小微企业最大的融资资金来源。互联网借贷是新兴起来的借贷途径，近年来发展较快，成为小微企业融资的重要选择和途径。民间金融借贷一直是小微企业融资的重要途径之一，在小微企业融资中发挥着重要作用。

　　从问卷调查的结果看，77% 的小微企业没有建立住房公积金制度，23% 的企业建立了住房公积金制度（见图 4 – 18）。

　　根据问卷调查，企业主要拥有小汽车和卡车，小汽车主要是自用和接待用途，卡车主要是货用。统计中，有 76% 的小微企

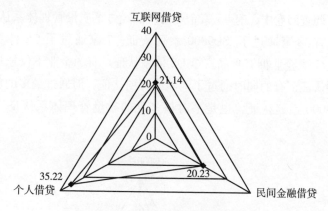

图 4 - 17　小微企业资金借贷来源

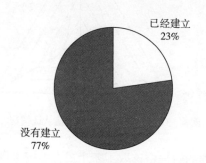

图 4 - 18　小微企业建立住房公积金制度情况

业拥有小汽车，仅有 24% 的小微企业还未购车，但没有小汽车的企业近期有购车计划，小汽车在小微企业中已经成为业务必须的资产之一（见图 4 - 19）。

根据问卷统计分析，有 46% 的小微企业主表示近期有购车计划，多数企业主希望可以购买小汽车以满足业务需要，54%的小微企业暂时没有购车计划，近年来小微企业购车的欲望和经济实力都在增加，可以成为汽车市场的一股重要力量（见图 4 - 20）。

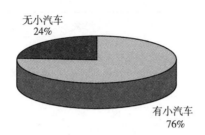

图 4 – 19　小微企业拥有小汽车情况

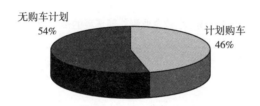

图 4 – 20　小微企业近期购车计划意向

　　将外部环境对企业的影响分为三个等级：1 代表影响不大，企业自身可以消化；2 代表影响较大，企业有些困难；3 代表影响很大，企业相当困难。从调查问卷的数据来看，劳动力成本上升带来的影响最大，企业经营相当困难；原材料涨价带来的影响较大，企业经营有点困难；其他因素像土地审批从严、人民币升值、货币政策变化和公共服务水平等因素的影响不大，企业自身可以消化（见图 4 –21）。

　　将融资体系对企业融资的影响分为三个层级：1 代表帮助不大；2 代表帮助较大；3 代表帮助很大。从图 4 – 22 可以看出，除互联网金融和其他民间信贷渠道对企业融资的帮助较大外，国有银行、股份制银行、城市商业银行和信用社以及债券市场则对企业融资帮助不大，仍需进一步开发它们对小微企业融资的帮助作用，切实为小微企业开辟众多有效的融资渠道。

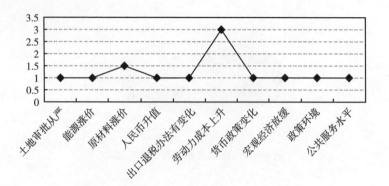

图 4 - 21　小微企业受外部环境的影响情况

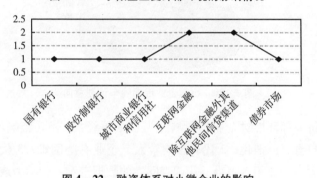

图 4 - 22　融资体系对小微企业的影响

从图 4 - 23 中可以看出，一些私营企业停业、歇业或注销、吊销，其内部主要原因有经营管理不善，缺乏管理经验和人才、管理不到位，亏损严重，资不抵债，产品或服务质量不过关，缺乏创新开发能力，在经济交往中不讲信用，不履行合同或拖欠外账，严重失信，违法违规被政府职能部门查处；外部主要原因有资金匮乏，周转困难，土地、能源、原材料以及劳动力价格上涨，成本增大，市场竞争日益激烈，在价格或服务上被其他企业压倒，企业税费负担过重等。内部和外部的原因联合作用，造成了私营企业的停业、歇业或注销、吊销。

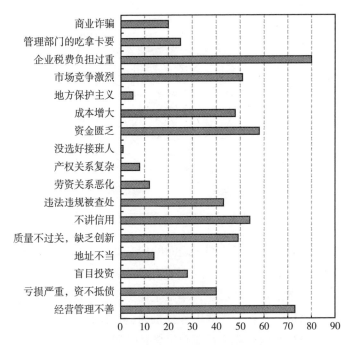

图 4-23　私营企业停业原因示意

根据问卷调查得到图 4-24，小微企业主最希望行业商会做出的行动有：代表本行业企业的共同利益，维护合法权益，帮助企业与政府有关方面增加沟通，提供信息、咨询、教育培训等项服务以及政策解读。同时，小微企业主还希望同业公会能尽量协调同行业企业的经营行为，健全行规、行约，加强自律、维护信誉，为企业个案提供法律援助。小微企业主对举办经济论坛、组织投资考察和扩大企业知名度方面不是很重视，他们更加重视现实有效的帮助，更期望得到实效。

通过问卷调查，小微企业主在如何提高学习能力、管理能力和扩大人脉网络上，已经参加过或正在进行的有参加各种论坛、

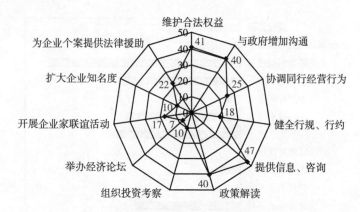

图 4-24　行业协会应有行为

经营朋友圈子，通过行业圈子之间的信息共享和沟通，实现资源的有效利用。而正在计划中的方式有参加管理培训、攻读 MBA、通过微博和微信媒介学习等，小微企业主也急需通过不断的充电学习把握商机，在新的挑战中寻找机遇，各种有利于小微企业战略发展的途径小微企业主都愿意去尝试（见图 4-25）。

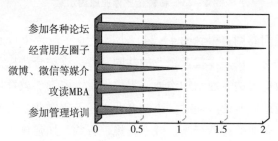

图 4-25　小微企业主提高能力的途径

三、调研的重要发现及结语

据调查问卷统计，接受调查对象的基本情况如下：大部分人属于"70 后"和"80 后"，鲜有"90 后"人群。调查对象文化程度集中在大专和大学水平，其中大学文化程度及以上的居多，占 52%。如何激发"90 后"的创业热情是政府需要考虑的问题。小微企业主开办小微企业前主要是各企业的负责人和技术人员，大部分没有中共组织背景。缺乏政商资源可能是小微企业的共同特征，因此更需要公平公正的制度环境。约 87% 的小微企业主自己兼任企业总经理，平均年薪在 30.25 万元。43% 的小微企业主每周工作 60 ~ 80 小时，38% 的小微企业主每周工作 40 ~ 60 小时，82.6% 的小微企业主不希望自己的子女接班，而且子女也没有意愿参与企业的管理。可见大部分小微企业主对自身的生存状态满意度较低，并不希望子女走自己的路。约有 80% 的企业主没有参加政府部门主管的行业协会，显示出了与政府主管部门沟通不畅的问题。约 78% 的小微企业主没有宗教信仰，有宗教信仰的大都信仰佛教，可见中国传统文化的理念和观念对小微企业主有较大影响。

生存状况问题调查显示，大部分小微企业是 2009 年后登记注册的，主要注册类型是有限责任公司。截至 2013 年底，绝大部分企业都拥有 1 ~ 2 位法人投资者和自然人投资者，并且大部分都有在本企业做管理、技术工作的投资者。小微企业的资本构成主要是小微企业主的自筹资金，占绝对控股比例，剩余资金来源是国内个人投资，说明小微企业创立时的主要资金来源是自筹资金，筹资途径单一匮乏。据调查，个人注册私营企业时的资金来源主要有小生意积累、工资或农业生产积累、民间借贷等，小生意积累是比例最大的部分，可以看出小微企业的原始资本积累有来源于小生意的传统。小微企业开业时从事的行业主要集中在制造业和批发零售业，企业的产品和服务中，属于"两高五新"范围的主要体现在高成长、新能源和新材料上。企业所在行业竞争激烈程度用 1～10 描述，1 为竞争不激烈，10 是最激烈，调查结果的平均水平在 7.98 左右，即竞争比较激烈。小微企业主预期的本行业未来 3～5 年平均增长率为 43.42% 左右，对自己所从事的行业还是持比较乐观的态度。小微企业的研发费用多少与其从事的行业有密切关系，从事一般制造业和批发零售业的企业基本没有研发费用，而从事高科技行业企业的平均研发费用为 38.17 万元，其中从事信息传输、软件和信息技术服务业的企业研发费用最高，企业自己拥有的知识产权很少，自己设计的产品也较少，没有明显的产品研发升级意向。可见我国的小微企业还是集中在产业链低端的劳动密集型企业，自主创新能力薄弱，只参与低端竞争，这与我国民营企业的状态不谋而合。产业升级、结构调整不只是大企业的事，从小微企业就应该开始，即应该鼓励有自主创新项目的小微企业的创立，优先扶持这类小微企业的发展。接受调查的小微企业基本没有自己的知名商标，品牌意识薄弱。小微企业产品质量的管理很松，缺乏应有的质量管理，即小微企业的管理水平较为原始。据调查，截至 2013 年底，小微企业资金借贷来源主要是互联网金融借贷、民间金融机构借贷和个人借贷。有的小微企业会发生被拖欠贷款、借款的情况，数额不是很大，但会影响企业的资金运转，严重时会造成企业资金链断裂，企业对拖欠其他企业的贷款、借款的情况描述不是很主动，被拖欠借款的企业一般也会有拖欠其他企业借款的情况。据统计，小微企业在登记为私营企业时，一般只有十几个人到二十几个人，规模很小。但在 2013 年企业雇佣的员工数基本上就超过了企业登记时全体员工的数量，说明小微企业的规模在迅速扩大，小微企业提供的工作岗位众多，对我国社会稳定和人民就业发挥着重要的作用。据统计，2013 年小微企业用于员工劳保费用和全年三险一金的费用给小微企业带来了沉重负担，但是

23%的企业还是建立了住房公积金制度，小微企业员工的福利制度在不断完善，企业福利投入不断加大。这也说明小微企业人力成本在增加，而小微企业需要提供更好的薪酬福利才能吸引和留住核心员工。大部分小微企业没有对外贸易交往，小部分有对外贸易交往的企业也只是自营出口输出产品和委托贸易公司外销产品，对外经贸合作和投资不是现阶段国内一般小微企业考虑的重点。调查中的小微企业在2013年鲜有缴纳环保治污费的，对治理污染的投入也基本没有，政府应该鼓励小微企业参与环保行业。根据调查问卷统计，小微企业现拥有的车辆类型是小汽车和卡车，小汽车的主要用途是业务需要，平均价格为55万元，品牌主要有奥迪、大众、别克、雅阁、丰田等；卡车的主要用途是送货，价格在20万~30万元之间。小微企业购买小汽车的需求在于商务接待，在对外业务往来中轿车的档次也显示着部分企业实力，更是"面子"的象征，所以采购小汽车的价格往往高于采购卡车的价格。调查中的大部分小微企业暂无近期车辆购买计划，只有部分小微企业需要添置小汽车和货用卡车，平均价格预算在35万元左右。

调查的发展之道部分显示，小微企业对营商环境的变化、政府的帮助、融资渠道和行业商会比较关心，并有自己对未来3~5年的发展计划，通过调查，我们了解到了许多有关小微企业对未来发展的观点。2013年以来，企业经营外部环境发生了一些变化，对企业影响较大的有能源涨价、原材料涨价、劳动力成本上升；影响不大的有土地审批从严、人民币升值、出口退税办法有变化、货币政策变化等。企业的经营外部环境对企业的影响跟企业从事的行业也有一定关系，但对小微企业来说，成本的上升是普遍存在的问题。从小微企业反映的情况来看，县政府和市政府对企业经营的帮助比较大，而省政府和中央政府的帮助不大、非常有限，这说明政府对小微企业的帮助和扶持不应仅局限于政策层面，还应该从更细微的方面帮助小微企业发展，将政策扶持落实到实际工作中。在现有债务融资体系下，国有银行、互联网金融和除互联网金融外其他民间信贷渠道对小微企业的帮助较大，而股份制银行、城市商业银行和信用社、债券市场对小微企业的融资帮助不大，这反映了国家政策对小微企业融资的支持使得国有商业银行日益重视小微企业贷款服务，但城市商业银行等小型商业银行本质上更应该成为小微企业贷款的中坚力量，现在的情况不尽如人意。债券市场在帮助小微企业解决融资困难问题方面应该发挥更大作用，应该大力发展小微企业集合融资、供应链融资和行业集群融资等。互联网金融作为一种新兴融资渠道应该研究如何吸引小微企业参与现有的 P2P 融资，我们认为 P2P 融资平台向小微企业拓展的瓶颈仍然是贷款利率和贷款安排不适应小微企业经营状况。未来融资问题仍然是小微企业面临的重大难题，它不能仅靠政府的帮助，还应该积极自主地寻求解决方案。我们发现小微企业停业、歇业或注销、吊销的主要内部原因有：经营管理不善，缺乏管理经验和人才、管理不到位，亏损严重，资不抵债，产品或服务质量不过关，缺乏创新开发能力，在经济交往中不讲信用，不履行合同或拖欠外账，严重失信，违法违规被政府职能部门查处；主要外部原因有：资金缺乏，周转困难，土地、能源、原材料以及劳动力价格上涨，成本增大，市场竞争日益激烈，在价格或服务上被其他企业压倒，企业税费负担过重。小微企业主希望行业商会能代表本行业企业的共同利益，维护合法权益，帮助企业与政府有关方面增加沟通，提供信息、咨询、教育培训等项服务以及政策解读。小微企业主越来越注重提高自己的学习能力、管理能力和扩大人脉网络，据统计，正在进行或已经参加过的方式有参加各种论坛、经营朋友圈子，而计划中的方式有参加管理培训、攻读 MBA、通过微博和微信媒介学习。现在小微企业主大多计划通过不断学习、接触新事物以及培养朋友圈子间的信息交流来提高自己把握新商机的机会，这是小微企业主自身能力提升的表现。大部分小微企业主希望社会能成立小微企业资金互助中心，社会及国家适当补贴，对国家支持发展的产业给予优惠价格的信贷支持，解决融资难的问题，并得到更多能落实到实处的政策支持。我们调查发现，政府政策的扶持、家人的支持以及良好的经营环境是保护创业热情的重要力量。同时，小微企业还希望可以获得同大企业和企业家合作的机会，从大企业那里获得资金和先进技术等方面的支持来带动小微企业的发展。因此，地方政府应该考虑通过各种形式帮助当地的大企业和小微企业更多接触和交往，使大企业能进一步履行其社会责任，小微企业也可能得到发展机遇和商机。

小微企业作为我国经济发展的重要组成部分，在解决社会就业等问题上发挥着重要作用，但存在着融资难、成本增长和负担重等问题。小微企业主不仅需要政府在政策方面的支持，更需要提升自身能力以应对各种挑战、解决相应难题。本次调查问卷反映了小微企业的生存状况和发展需要，希望可以对小微企业的发展有所帮助，也帮助各方力量对小微企业有更多、更深入的认识，促成更多小微企业的成功飞跃。

附录：浙江小微企业问卷调查表

第一部分　基本情况

1. 您的性别是：　　　　　（1）男　□　　（2）女　□

2. 出生年份：＿＿＿＿＿＿年

3. 您的文化程度是：A. 小学及以下　□　　B. 初中　□

   C. 高中、中专　□　　D. 大专　□　　E. 大学　□

   F. 研究生　□

4. 您在开办小微企业前的主要经历：（可选多项）

A. 党政机关、事业单位干部	（1）一般干部　□　　（2）科级干部　□　　（3）县、处级　□ （4）县、处级以上　□　　（5）技术干部　□　　（6）教师　　□
B. 国有企业的	（1）负责人　□　　（2）技术人员　□　　（3）供销人员　□ （4）职员、工人　□
C. 集体企业的	（1）负责人　□　　（2）技术人员　□　　（3）供销人员　□ （4）职员、工人　□
D. 三资企业的	（1）负责人　□　　（2）技术人员　□　　（3）供销人员　□ （4）职员、工人　□
E. 港澳台企业	（1）负责人　□　　（2）技术人员　□　　（3）供销人员　□ （4）职员、工人　□
F. 其他私企的	（1）负责人　□　　（2）技术人员　□　　（3）供销人员　□ （4）职员、工人　□

续表

F. 其他私企的	(1) 负责人 □　　(2) 技术人员 □　　(3) 供销人员 □ (4) 职员、工人 □
G. 农村的	(1) 村干部 □　　(2) 农民　　□　　(3) 外出打工 □

H. 个体户 □　I. 军人 □　J. 失业人员 □
K. 在国外留学、工作 □　L. 无工作 □
M. 其他（请写明）＿＿＿＿＿＿＿＿＿＿＿＿＿＿＿＿

5. 您目前参加了下列哪些组织？（1）中共　□　　（2）共青团　□　　（3）民主党派　□

A. 如果您已参加共产党，是在＿＿＿＿＿年＿＿＿月入党的。

B. 如果您还没有加入共产党，开办企业以后是否写过入党申请书？

（1）写过　□　　（2）没写过 □

6. 您担任了哪些社会工作？（如果某项没有担任，则该项不填）

A. 如果您是人大代表，那么是哪一级的？

（a）乡　□　　（b）县（市）　□　　（c）地级市　□

（d）省　□　　（e）全国　□

（f）不是人大代表　　　　□

B. 如果您是政协委员，那么是哪一级的？

（a）县（市）　□　　（b）地级市　□　　（c）省　□

（d）全国　□　　（f）不是政协委员　□

C. （1）您是否在政府部门任职？

（a）是　□　　（b）不是　□

（2）如您在政府部门任职，是哪一级的？

（a）乡镇副职　□　　（b）县副职　□　　（c）在县政府有

关部门任职　□

　　（d）其他（请写明）＿＿＿＿＿＿＿＿＿＿＿＿＿＿＿

　　7. A. 您自己是否兼任本企业总裁、（总）经理？

　　（1）是　□　　（2）不是　□

　　B. 您在企业的年薪是＿＿＿＿＿万元（含税）。

　　C. 您每周工作时间？

　　（1）40 小时以下　□　　（2）40 ~ 60 小时　□

　　（3）60 ~ 80 小时　□　　（4）80 小时以上　□

　　D. 您有几个孩子？

	性别	年龄
（1）独生子女		
（2）两个子女		
（3）多于两个子女		

　　E.

（1）是否希望子女接班	是 □	否 □
（2）子女是否已经参与企业的管理	是 □	否 □
（3）子女对接班的意愿等	是 □	否 □
（4）是否想生育下一胎	是 □	否 □

　　8. 您是否参加了政府部门主管的行业协会？

　　（1）参加了　□　　　（2）没有参加　□

　　9. 您的宗教信仰是什么？

　　A. 没有宗教信仰　□　　B. 佛教　□　　C. 道教　□

　　D. 天主教　□　　E. 基督教　□　　F. 伊斯兰教　□

　　G. 其他（请写出）：＿＿＿＿＿＿＿＿＿＿＿＿＿＿

第二部分　生存状况

10. 您的企业在哪一年登记注册？ ＿＿＿＿＿年

11. A. 您企业目前注册的类型是：

（1）独资企业　　□　　　（2）合伙企业　　□

（3）有限责任公司□　　　（4）股份有限公司□

（5）一人公司　　□

B. 2013 年底您企业有几位法人投资者？ ＿＿＿＿＿位

2013 年底您企业有几位自然人投资者？ ＿＿＿＿＿位

其中：在本企业做管理、技术工作的有 ＿＿＿＿＿位

12. A. 您企业的出资人和资本构成是（不包括借款）：

投 资 主 体	a. 开办私营企业时 实 收 资 本	b. 2013 年底 所 有 者 权 益
（1）您自己	占资本总额比例＿＿＿＿％	占权益总额比例＿＿＿＿％
（2）其他国内个人	占资本总额比例＿＿＿＿％	占权益总额比例＿＿＿＿％
（3）其他国有、集体企业	占资本总额比例＿＿＿＿％	占权益总额比例＿＿＿＿％
（4）其他私营企业	占资本总额比例＿＿＿＿％	占权益总额比例＿＿＿＿％
（5）外资	占资本总额比例＿＿＿＿％	占权益总额比例＿＿＿＿％
（6）各级政府	占资本总额比例＿＿＿＿％	占权益总额比例＿＿＿＿％
（7）其他＿＿＿＿	占资本总额比例＿＿＿＿％	占权益总额比例＿＿＿＿％
（8）总　　额	＿＿＿＿万元	＿＿＿＿万元

B. 目前企业资本中，

（1）货币　　　占＿＿＿％　　（2）实物　　　占＿＿＿％

（3）工业产权　占＿＿＿％　　（4）非专利技术占＿＿＿％

（5）土地使用权占＿＿＿％

13. 您个人注册私营企业时的资金来源：（可选多项；改制

而来的私营企业请跳答 19 题)

  A. 小生意积累　□ B. 小作坊生产积累　□

  C. 亲友馈赠　□ D. 工资或农业生产积累 □

  E. 民间借贷　□ F. 银行借贷　□

  G. 继承遗产　□ H. 互联网金融　□

14. A. 您企业从事的主要行业[①]：(最多选填 5 个)

	A	B	C	D	E	F	G	H	I	J
	农林牧渔	采矿业	制造业	电力、热力、燃气及水生产和供应业	建筑业	批发零售	交通运输、仓储和邮政业	住宿和餐饮业	信息传输、软件和信息技术服务业	金融业
a. 开业时	□	□	□	□	□	□	□	□	□	□
b. 2013 年底	□	□	□	□	□	□	□	□	□	□

	K	L	M	N	O	P	Q	R	S
	房地产业	租赁和商务服务业	科学研究和技术服务业	水利、环境和公共设施管理业	居民服务、修理和其他服务业	教育	卫生和社会工作	文化、体育和娱乐业	综合
a. 开业时	□	□	□	□	□	□	□	□	□
b. 2013 年底	□	□	□	□	□	□	□	□	□

  15. A. 在您企业的产品和服务中，有无属于以下"两高五新"范围的？(可选多项)

  "两高"是指高科技、高成长；"五新"是指新经济、新服务、新能源、新材料、新农业。"两高五新"所涉及的行业是创业板市场支持的行业。

  □ (1) 高科技：企业拥有自主知识产权；

---

 ①　参照中国证监会《上市公司行业分类指引 (2012 年修订)》。

□（2）高成长：企业增长高于国家经济增长，高于行业经济增长；

□（3）新经济：互联网与传统经济的结合、移动通信、生物医药；

□（4）新服务：新的经营模式，例如：金融中介、物流中介、地产中介；

□（5）新能源：可再生能源的开发利用，资源的综合利用；

□（6）新材料：提高资源利用效率的材料；节约资源的材料；

□（7）新农业：具有农业产业化；提高农民就业、收入的农业。

B. 您企业所在行业竞争激烈程度？（竞争程度用 1～10 描述，1 为竞争不激烈，10 是最激烈）_____

C. 您预期本行业未来 3～5 年的增长情况？（请提供一个您认为的大概增长率）_____

16. A. 2013 年您的企业研发费用有多少？

共计_____万元（如没有请填 0）

B.（1）您的企业有多少项自己的知识产权（包括技术专利、发明等）？

有_____项（如没有请填 0）

（2）近三年本企业自己设计的产品有多少项？

有_____项（如没有请填 0）

C.（1）您企业的全国驰名商标有____项？

（2）省著名商标有____项？

（3）市知名商标有____项？（如没有请填 0）

D. 您企业的质量管理有没有经过以下认证？

（1）ISO9000 系列 □　（2）UL □　（3）长城 □

（4）CE □　（5）食品安全 QS　□

17. 您企业的生产经营情况是（单位：万元）：

	a. 销售额	b. 税	c. 税后净利润	d. 总资产	e. 研发投资
（1）2011 年底统计报表数据					
（2）2012 年底统计报表数据					
（3）2013 年底统计报表数据					

18. 您企业 2013 年在以下方面的支出情况是：

A. 固定资产投资＿＿＿＿＿＿＿ 万元

B. 出资人分红＿＿＿＿＿＿＿ 万元

C. 应付各种摊派＿＿＿＿＿＿＿ 万元

D. 各种捐赠 　＿＿＿＿＿＿＿ 万元

E. 公关、招待 ＿＿＿＿＿＿＿ 万元

F. 其他（请写明）＿＿＿＿＿＿＿ 万元

19. A. 2013 年，您企业所需融资总额？＿＿＿＿＿＿＿

万元

B.（1）2013 年底，您企业资金借贷来源是哪里？

a. 国有银行（工行、农行、建行、中行）贷款余额有多少？

有＿＿＿＿＿万元（如没有请填 0）

b. 股份制银行贷款余额有多少？

有＿＿＿＿＿万元（如没有请填 0）

c. 城市商业银行和信用社贷款余额有多少？

有＿＿＿＿＿万元（如没有请填 0）

d. 互联网金融借贷余额有多少（包括淘宝平台借贷，各类

互联网金融借贷平台等)？ 有_____万元（如没有请填0）

　　e. 民间金融机构借贷余额有多少？

　　有_____万元（如没有请填0）

　　f. 向个人借贷余额有多少？

　　有_____万元（如没有请填0）

　　C. （1）其他企业是否拖欠您企业的货款、借款？

　　拖欠_____万元（如没有请填0）

　　（2）您企业是否拖欠其他企业的货款、借款？

　　拖欠_____万元（如没有请填0）

　　20. A. 您在登记为私营企业时，企业有多少员工？

　　有_____人

　　B. 在2013年，您的企业一共雇了多少员工？

　　（1）全年雇用的有_____人

　　其中：管理人员有_____人，技术人员有_____人；

　　全年雇用的员工比2006年增加了_____人，或减少了_____人

　　（2）雇用半年以上不足一年的有_____人

　　（3）雇用半年以下的有_____人

　　21. 2013年您企业用于员工工资、福利的支出有多少？

　　A. 全年支付员工工资、奖金等：总共_____万元

　　B. 如果员工参与分红，全年支付员工分红：总共_____万元

　　C. （1）全年支付员工劳保费用：总共_____万元（没有请填0）

　　（2）全年用于改善企业安全生产设备、场地，加强劳动保护的费用：总共_____万元（没有请填0）

　　D. （1）全年三险一金：_____人，总共_____万元（没有请填0）

E. 您的企业是否建立了住房公积金制度？（1）已经建立□
（2）没有建立□

22. A. 您的企业在对外经贸交往中有哪些作为？（可选多项）

（1）同海外企业合资合作　　　　　　　　　　　□

（2）到海外投资建厂　　　　　　　　　　　　　□

（3）自营出口输出产品　　　　　　　　　　　　□

（4）委托贸易公司外销产品　　　　　　　　　　□

（5）代理外国厂商业务　　　　　　　　　　　　□

（6）承接"三来一补"业务　　　　　　　　　　□

（7）购买品牌使用权　　　　　　　　　　　　　□

（8）引进技术（购买技术专利、设备等）　　　　□

（9）其他（请注明）＿＿＿＿＿＿＿＿＿＿　　□

（10）还没有考虑这个问题　　　　　　　　　　□

B.（1）如果您的企业已向境外投资，有＿＿＿＿＿＿万美元（没有请填0）

（2）主要向哪些国家、地区投资？＿＿＿＿＿＿＿＿＿＿＿＿
＿＿＿＿＿＿＿＿

C.（1）2013年您的企业出口总额是＿＿＿＿＿＿＿＿万美元（没有请填0）

（2）本企业自主品牌产品出口总额是＿＿＿＿＿＿万美元（没有请填0）

23. A. 您的企业2013年交了多少环保治污费？＿＿＿＿＿＿＿元（没有请填0）

B. 如果上年曾交环境污染罚款，被罚了多少？＿＿＿＿＿＿＿元（没有请填0）

C. 您的企业上年为治理污染投入了多少？＿＿＿＿＿＿＿元（没

有请填0）

24. 您企业拥有的车辆情况？

	(1)是否有下列车辆	(2)数量	(3)用途	(4)价格(万元)	(5)品牌
A. 小汽车	☐				
B. 小客车	☐				
C. 大客车	☐				
D. 卡车	☐				

25. 您企业近期车辆购买计划？

	(1)计划种类	(2)数量	(3)预算价格(万元)	(4)理想品牌
A. 小汽车	☐			
B. 小客车	☐			
C. 大客车	☐			
D. 卡车	☐			

第三部分　发展之道

26. 近年来，企业经营外部环境中发生的一些变化，对您的企业有没有影响？

	(1)影响不大,企业自身可以消化	(2)影响较大,企业有些困难	(3)影响很大,企业相当困难
A. 土地审批从严	☐	☐	☐
B. 能源涨价	☐	☐	☐
C. 原材料涨价	☐	☐	☐
D. 人民币升值	☐	☐	☐
E. 出口退税办法有变化	☐	☐	☐
F. 劳动力成本上升	☐	☐	☐

	(1)影响不大,企业自身可以消化	(2)影响较大,企业有些困难	(3)影响很大,企业相当困难
G. 货币政策变化	☐	☐	☐
H. 宏观经济放缓	☐	☐	☐
I. 政策环境	☐	☐	☐
J. 公共服务水平	☐	☐	☐

27. 您如何描述各级政府对企业经营的帮助情况

	(1) 帮助不大	(2) 帮助较大	(3) 帮助很大
A. 县政府	☐	☐	☐
B. 市政府	☐	☐	☐
C. 省政府	☐	☐	☐
D. 中央政府	☐	☐	☐

28. 您如何描述现有债务融资体系对企业融资的帮助情况

	(1)帮助不大	(2)帮助较大	(3)帮助很大
A. 国有银行	☐	☐	☐
B. 股份制银行	☐	☐	☐
C. 城市商业银行和信用社	☐	☐	☐
D. 互联网金融	☐	☐	☐
E. 除互联网金融外其他民间信贷渠道	☐	☐	☐
F. 债券市场	☐	☐	☐

29. 在您看来,一些私营企业停业、歇业或注销、吊销,其主要原因是:

A. 内部原因:(可选多项)

(1) 经营管理不善,缺乏管理经验和人才、管理不到位　☐

（2）亏损严重，资不抵债 ☐

（3）项目选择论证不充分，盲目投资 ☐

（4）选址不当，产品或服务销售不理想 ☐

（5）产品或服务质量不过关，缺乏创新开发能力 ☐

（6）在经济交往中不讲信用，不履行合同或拖欠外账 ☐

（7）严重失信，违法违规被政府职能部门查处 ☐

（8）压低或拖欠员工工资待遇，劳资关系恶化 ☐

（9）产权关系复杂，投资者之间矛盾激化 ☐

（10）没选好接班人 ☐

（11）其他（请写明）：_____

B. 外部原因：（可选多项）

（1）资金缺乏，周转困难 ☐

（2）土地、能源、原材料以及劳动力价格上涨，成本增大

☐

（3）地方保护主义或地区封锁，难以打开市场 ☐

（4）市场竞争日益激烈，在价格或服务上被其他企业压倒

☐

（5）企业税费负担过重 ☐

（6）一些管理部门的吃拿卡要和打击报复 ☐

（7）遇到经济诈骗或商业诈骗 ☐

（8）其他（请写明）：_____

30. 如果您参加了行业商会或同业公会，您希望它们做哪些事情？（可选多项）

（1）代表本行业企业的共同利益，维护合法权益 ☐

（2）帮助企业与政府有关方面增加沟通 ☐

（3）协调同行业企业的经营行为 ☐

（4）健全行规、行约，加强自律、维护信誉 ☐

（5）提供信息、咨询、教育培训等项服务 ☐

（6）政策解读 ☐

（7）组织国内外投资考察 ☐

（8）举办经济论坛 ☐

（9）开展企业家联谊活动 ☐

（10）扩大企业和企业家的知名度 ☐

（11）为企业个案提供法律援助 ☐

（12）其他（请写明）_____

31. 未来企业的 3~5 年发展目标是什么？

	(1)增长50%以下	(2)增长100%以下	(3)增长超过100%
A. 总资产	☐	☐	☐
B. 净利润	☐	☐	☐
C. 市场占有率	☐	☐	☐
D. 员工人数	☐	☐	☐
E. 其他（请描述）	☐	☐	☐

32. 您计划如何提高学习能力、管理能力和扩大人脉网络？

	(1) 正在进行或者已经参加过	(2) 计划
A. 参加管理培训	☐	☐
B. 攻读 MBA	☐	☐
C. 微博、微信等媒介	☐	☐
D. 经营朋友圈子	☐	☐
E. 参加各种论坛	☐	☐
F. 其他（请描述）		

33. A. 您计划如何提高自己把握新商机的能力？

_____

B. 您希望社会力量如何帮助小微企业发展？

C. 您的创业热情怎么能得到保护？

D. 您希望得到大企业和企业家什么样的帮助？

第四部分　中国梦

34. A. 请描述您对个人生活事业的梦想是什么？

B. 请描述您对国家社会的梦想是什么？

参考文献

一、中文部分

[1] 陈冬华、胡晓莉、梁上坤、新夫:《宗教传统与公司治理》,载《经济研究》2013 年第 9 期。

[2] 樊纲、王小鲁、朱恒鹏:《2008:中国市场化指数》。

[3] 樊建锋、田志龙:《公司治理结构对企业慈善捐助的影响研究——以灾害事件为背景》,载《经济问题》2010 年第 7 期。

[4] 郭华、陈文烈:《青海穆斯林民营企业在地区经济发展中的地位和作用分析》,载《青海民族研究》2006 年第 4 期。

[5] 乐君杰、叶晗:《农民信仰宗教是价值需求还是工具需求?——基于 CHIPs 数据的实证检验》,载《管理世界》2012 年第 11 期。

[6] 李敬强、刘凤军:《企业慈善捐赠对市场影响的实证研究——以"5·12"地震慈善捐赠为例》,载《中国软科学》2010 年第 6 期。

[7] 李涛、黄纯纯、何兴强、周开国:《什么影响了居民的社会信任水平?来自广东省的经验证据》,载《经济研究》2008 年第 1 期。

[8] 林立强:《民营企业家的宗教信仰与企业文化建设》,载《经济管理》2010 年第 3 期。

[9] 马力、齐善鸿:《道德治理——公司治理的基石》,载

《浙江社会科学》2005 年第 5 期。

[10] 齐善鸿、王寿鹏：《企业道德管理的制度化与道德审计》，载《财经问题研究》2008 年第 7 期。

[11] 齐善鸿、吴秀莲：《企业道德建设的构想：一个利益相关者的视角》，载《经济问题探索》2005 年第 9 期。

[12] 任剑涛：《内在超越与外在超越：宗教信仰、道德信念与秩序问题》，载《我国社会科学》2012 年第 7 期。

[13] 阮荣平、刘力：《我国农村非正式社会保障供给研究》，载《管理世界》2011 年第 4 期。

[14] 阮荣平、郑风田、刘力：《信仰的力量：宗教有利于创业吗?》，载《经济研究》2014 年第 3 期。

[15] 阮荣平、郑风田、刘力：《宗教信仰、宗教参与与主观福利：信教会幸福吗?》，载《我国农村观察》2011 年第 2 期。

[16] 阮荣平、郑风田、刘力：《宗教信仰选择一个西方宗教经济学的文献梳理》，载《社会》2013 年 4 期。

[17] 阮荣平、王兵：《差序格局下的宗教信仰和信任》，载《社会》2011 年第 4 期。

[18] 山立威、甘犁、郑涛：《公司捐款与经济动机——汶川地震后中国上市公司捐款的实证研究》，载《经济研究》2008 年第 11 期。

[19] 石磊、魏玖长、赵定涛：《上市公司灾难捐赠行为对股票价格的影响》，载《中国科学技术大学学报》2010 年第 6 期。

[20] 谭飞、陈晓虎、刘书云：《西部农村"信仰流失"警示》，载《瞭望》2007 年第 6 期。

[21] 王亚妮、蒋学洪：《公司社会捐赠与财务业绩关系的实证研究——来自沪市 A 股的经验证据》，载《财会通讯·综

合》2010 年第 1 期。

[22] 张维迎、柯荣住:《信任及其解释:来自我国的跨省调查分析》,载《经济研究》2002 年第 1 期。

[23] 郑风田、阮荣平、刘力:《风险、社会保障与农村宗教信仰》,载《经济学(季刊)》2010 年第 4 期。

[24] 朱国泓、张璐芳:《宗教的公司治理作用机制和影响效应研究述评与未来展望》,载《外国经济与管理》2013 年第 7 期。

[25] 朱金凤、赵红建:《慈善捐赠会提升企业财务绩效吗——来自沪市 A 股上市公司的实证检验》,载《会计之友》2010 年第 4 期。

二、英文部分

[1] Allen, F., Qian, J., Qian, M.: 2005, Law, "finance, and economic growth in China", Journal of Financial Economics 77, pp. 57 – 116.

[2] Ayyagari, M., A. Demirguc-Kunt and V. Maksimovic., 2010, "Formal versus Informal Finance: Evidence from China", Review of Financial Studies, 23, pp. 3048 – 3097.

[3] A. E., Johnson, J. L., 1998. Meta-analytic reviews of board composition, leadership structure, and financial performance. Strategic Management Journal 19 (3), pp. 269 – 290. Short 1994.

[4] Bai, C., Lu, J., Tao, Z.: 2006, "An Empirical Study on the Access to Bank Loans by Private Enterprises in China", Economics of Transition 14 (4), pp. 611 – 628.

[5] Bailey, W., W. Huang and Z. Yang, "Bank Loans with Chinese Characteristics: Some Evidence on Inside Debt in a State-controlled Banking System", Journal of Financial and Quantitative

Analysis, forthcoming.

[6] Barberis, N. , M. Boycko, A. Shleifer, and N. Tsukano-va, 1996. "How Does Privatization Work? Evidence from the Russian Shops. " Journal of Political Economy CIV: pp. 764 – 790.

[7] Barro, R. J. , & McCleary, R. M. (2003) . Religion and economic growth across countries. American Sociological Review, 68, pp. 760 – 781.

[8] Barth, J. R. , C. Lin, P. Lin. and F. M. Song. , 2009, "Corruption in Bank Lending to Firms: Cross-country Micro Evidence on the Beneficial Role of Competition and Information Sharing", Journal of Financial Economics, 91, pp. 361 – 388.

[9] Bartkus B. R. , M. Glassman, R. B. McAfee (2004) . A Comparison of the Quality of European, Japanese and U. S. Mis-sion Statements: A Content Analysis. European Management Journal, 22, 4, pp. 393 – 401.

[10] Benabou, R. , Tirole, J. , 2010, "Individual and corpo-rate social responsibility", Economica, 77 (305), pp. 1 – 19.

[11] Berger, A. N. , Hasan, I. and Zhou. M. , 2009, "Bank ownership and efficiency in China: What will happen in the world's largest nation?" Journal of Banking & Finance 33, pp. 113 – 130.

[12] Berman, S. L. , Wicks, A. C. , Kotha, S. , and Jones, T. M. , 1999, "Does stakeholder orientation matter? The relationship between stakeholder management models and firm financial perform-ance", The Academy of Management Journal, 42 (5), pp. 488 – 506.

[13] Boardman, Anthony and Aiden R. Vinng. 1989. "Owner-ship and performance in competitive environments: a comparison of

the performance of private, mixed and state-owned enterprises".

[14] Bowles, Paul, Xiao-yuan Dong and Samuel Ho, "Managerial Autonomy, Firm Objectives and the Role of Local Governments in Post-Privatization Rural China: Some Survey Evidence. " Journal of Asian.

[15] Boycko, M. , A. Shleifer, and R. Vishny, 1994. "Voucher Privatization. " Journal of Financial Economics 35: pp. 249 –266.

[16] Brammer, S. , Williams, G. , & Zinkin, J. (2007) . Religion and attitudes to corporate social responsibility in a large cross country sample. Journal of Business Ethics, 71, pp. 229 –243.

[17] Brandt, L. , H. Li. , 2003, "Bank Discrimination in Transition Countries: Ideology, Information or Incentives?" Journal of Comparative Economics, 31, pp. 387 –413.

[18] Brouthers, L. E. , Lascu, D. N. , Werner, S. , (2008) . Competitive irrationality in transitional economies: are communist managers less irrational? Journal of Business Ethics 83, pp. 397 – 408.

[19] Cai H. , Fang H. , Xu L. C. , 2009, "Eat, Drink, Firms and Government: An Investigation of Corruption from Entertainment and Travel Costs of Chinese Firms", Journal of Law and Economics, forthcoming.

[20] Callen, J. L. , Morel, M. , & Richardson, G. (2010) . Do culture and religion mitigate earnings management? Evidence from a cross-country analysis. International Journal of Disclosure and Governance, 8 (2), pp. 103 –121.

[21] Chaney, P. K. , and Philipich, K. L. , 2002. Shredded reputation: The cost of audit failure. Journal of Accounting Research

40 (4), 1221 – 1245. Flannery and Rangan 2006.

[22] Choi, J. , Wang, H. , 2009, "Stakeholder relations and the persistence of corporate financial performance", Strategic Management Journal, 30, pp. 895 – 907.

[23] Chow, G. C. , 1960. Tests of equality between sets of co-efficients in two linear regressions. Econometrica 28 (3): 591 – 605. Gujarati 1988.

[24] Claessens, S. and S. Djankov, 1999, Ownership concentration and corporate performance in the Czech Republic, Journal of Comparative Economics 27, 498 – 513. Lizal et al. (2000).

[25] Cochran, P. L. , Wood, R. A. , 1984, "Corporate social responsibility and financial performance", Academy of Management Journal, 27, pp. 42 – 56.

[26] Cohen, W. M. , Levin, R. C. , 1989. Empirical studies of innovation and market structure. In: Schmalensee, R. , Willig, R. (Eds.) . Handbook of Industrial Organization. Amsterdam: The Wetherlands, pp. 1059 – 1107.

[27] Crampton, W. , Patten, D. , 2008, "Social Responsiveness, Profitability and Catastrophic Events: Evidence on the Corporate Philanthropic Response to9/11", Journal of Business Ethics 81 (4), pp. 863 – 873.

[28] Cull, R. , L. C. Xu. , 2003, "Who Gets Credit? The Behavior of Bureaucrats and State Banks in Allocating Credit to Chinese State-owned Enterprises", Journal of Development Economics, 71, pp. 533 – 559.

[29] Decisions. Journal of Accounting and Economics In Press, Corrected Proof.

[30] Deng, Jianping, Jie Gan and He Jia, 2007, Privatization, Large shareholders' Incentive to Expropriate, and Firm Performance, working paper, Hong Kong University of Science and Technology.

[31] Detragiache, E. , P. Garella. , and L. Guiso. , 2000, "Multiple versus Single Banking Relationships: Theory and Evidence", Journal of Finance, 55 (2000), pp. 1133 – 1161.

[32] Dewenter, Kathryn L. and Paul H. Malatesta, (2001), State-owned and Privately Owned Firms: An empirical Analysis of Profitability, Leverage, and Labor Intensity, American Economic Review, 91 (1), pp. 320 – 334.

[33] Djankov S. , C. McLiesh. , and A. Shleifer. , 2007, "Private Credit in 129 Countries", Journal of Financial Economics, 84, pp. 299 – 329.

[34] Du, X. , Jian, W. , Du, Y. , Feng, W. , & Zeng, Q. (2013). Religion, the nature of ultimate owner, and corporate philanthropic giving: Evidence from China. Journal of Business Ethics, 1 – 22.

[35] Dyreng, S. D. , Mayew, W. J. , & Williams, C. D. (2012). Religious social norms and corporate financial reporting. Journal of Business Finance & Accounting, 39 (7 – 8), pp. 845 – 875.

[36] El Ghoul, S. , Guedhami, O. , Ni, Y. , Pittman, J. , & Saadi, S. (2012). Does religion matter to equity pricing? Journal of Business Ethics, 111: pp. 491 – 518.

[37] Engel, E. , Hayes, R. M. , Wang, X. , 2006. The Sarbanes-Oxley Act and firms' going-private.

[38] Faccio, M. , 2006, "Politically Connected Enterprises",

American Economic Review, 96, pp. 369 - 386.

[39] Fan Gang, Wang Xiaolu. : 2007, NERI Index of Marketization of China's Provinces 2006 Report, (Economic Sciece Press, Beijing), in Chinese.

[40] Fan, Joseph, T. J. Wong and Tianyu Zhang, 2007, Politically connected CEOs, corporate governance, and post-IPO performance of China's newly partially privatized firms, Journal of Financial Economics, 84, pp. 330 - 357.

[41] Firth, M. , C. Lin. , P. Liu, and S. M. L. Wong. , 2009, "Inside the Black Box: Bank Credit Allocation in China's Private Sector", Journal of Banking & Finance, 33, pp. 1144 - 1155.

[42] Fourcade, M. , Healy, K. , (2007). Moral views of market society. Annual Review of Sociology 33, pp. 285 - 311.

[43] Freeman, R. E. , 1984, "Strategic Management: A stakeholder perspective. Boston, MA: Piman, United States. "

[44] Frydman, R. , C. Gray, M. Hessel, and A. Rapaczynski, 1999. "When Does Privatization Work? The Impact of Private Ownership on Corporate Performance in the Transition Economies. " Quarterly Journal of Economics 114: pp. 1153 - 1191.

[45] Frye, T. , Zhuravskaia, E. : 2000, "Rackets, regulations and the rule of law", Journal of Law, Economics, and Organization 16, pp. 478 - 502.

[46] Galaskiewicz, J. , 1985, "Professional Networks and the Institutionalization of a Single Mind Set", American Sociological Review 50, pp. 639 - 658.

[47] Galaskiewicz, J. , 1997, "An Urban Grants Economy Revisited: Corporate Charitable Contributions in the Twin Cities, 1979 -

81, 1987 –89", Administrative Science Quarterly 42 (3): pp. 445 – 471.

[48] Gardberg, N. A., Formbrun, C. J., 2006, "Corporate citizenship: Creating intangible assets across institutional environments", Academy of Management Review, 31 (2), pp. 329 –346.

[49] Gill, A., (2001). Religion and comparative politics. Annual Review of Political Science 4, pp. 117 –138.

[50] Godfrey, P. C., 2005, "The relationship between corporate philanthropy and shareholder wealth: A risk management perspective", Academy of Management Review, 30 (4), pp. 777 – 798.

[51] Goss, A., Roberts, G. S., 2011, "The impact of corporate social responsibility on the cost of bank loans", Journal of Banking and Finance, 35, pp. 1794 –1810.

[52] Grier, R. (1997). The effect of religion on economic development: A cross national study of 63 former colonies. Kyklos, 50, pp. 47 –62.

[53] Grullon, G., Kanatas, G., & Weston, J. P. (2010). Religion and corporate (mis) behavior. Working paper.

[54] Guiso, L., Sapienza, P., & Zingales, L. (2003). People's opium? Religion and economic attitudes. Journal of Monetary Economics, 50, pp. 225 –282.

[55] Guiso, L., Sapienza, P., & Zingales, L. (2006). Does culture affect economic outcomes? Journal of Economic Perspectives, 20, pp. 23 –48.

[56] Gundolf K., Filser M. (2013) Management Research and Religion: A Citation Analysis. Journal of Business Ethics, 112

(1): pp. 177 – 185.

[57] Guriev, S. : 2004, "Red tape and corruption", Journal of Development Economics 73, pp. 489 – 504.

[58] Haley, U. C. V. , 1991, "Corporate Contributions as Managerial Masques: Reframing Corporate Contributions as Strategies to Influence Society", Journal of Management Studies 28 (5), pp. 485 – 509.

[59] Heinkel, Robert, Alan Kraus, and Josef Zechner. 2001, "The effect of green investment on corporate behavior", Journal of Financial and Quantitative Analysis 36 (4), P. 431.

[60] Hellman, J. S. , Jones, G. , Kaufmann, D. : 2003, "Seize the state, seize the day: state capture, corruption, and influence in transition", Journal of Comparative Economics 31, pp. 751 – 773.

[61] Hemingway, C. A. , & Maclagan, P. W. (2004). Managers' personal values as drivers of corporate social responsibility. Journal of Business Ethics, 50 (1), pp. 33 – 44.

[62] Hilary, G. , & Hui, K. W. (2009). Does religion matter in corporate decision making in America? Journal of Financial Economics, 93 (3), pp. 455 – 473.

[63] Hillman, A. J. , Keim, G. D. , 2001, "Shareholder value, stakeholder management, and social issues: what's the bottom line?" Strategic Management Journal, 22 (2), pp. 125 – 139.

[64] Iannaccone, L. R. (1998). Introduction to the economics of religion. Journal of Economic Literature, 36, pp. 1465 – 1496.

[65] Jefferson, G. H. ; Rawski, T. G. ; and Zheng, Yuxin. "Chinese Industrial Productivity: Trends, Measurement, and Recent

Developments. " Journal of Comparative Economics 23 (October 1996): pp. 146 – 180.

[66] Jensen, M. C. , 1986. Agency costs of free cash flow, corporate finance, and takeovers. American Economic Review 76 (2), pp. 323 – 329.

[67] Jensen, M. C. , Meckling, W. H. , 1976. Theory of the firm: Managerial behavior, agency costs and ownership structure. Journal of Financial Economics 3 (4), pp. 305 – 360.

[68] Johnsen, D. B. , 2003, "Socially Responsible Investing, A Critical Appraisal", Journal of Business Ethics, 43, pp. 219 – 222.

[69] Johnstone, K. M. , Bedard, J. C. , 2004. Audit firm portfolio management decisions. Journal of Accounting Research 42 (4): 659 – 690. Fan and Wong 2005.

[70] Jones, S. L. , Megginson, W. L. , Nash, R. C. , and Netter, J. M. , 1999. "Share Issue Privatizations as Financial Means to Political Ends. " Journal of Financial Economics 53: pp. 217 – 253.

[71] Jones, T. M. , 1995, "Instrumental stakeholder theory: A synthesis of ethics and economics", Academy of Management Review, 20, pp. 404 – 437.

[72] Kapstein, E. B. , 2001, "The corporate ethics crusade", Foreign Affairs, 80 (5), pp. 105 – 119.

[73] Khwaja, A. I. , A. Mian. , 2005, "Do Lenders Favor Politically Connected Enterprises? Rent Provision in an Emerging Financial Market", Quarterly Journal of Economics, 120, pp. 1371 – 1411.

[74] Klein, A. , 1998. Firm performance and board committee structure. Journal of Law and Economics 41 (1): 275 – 303. Waring 1996.

[75] Klein, A. , 2002. Audit committee, board of director characteristics, and earnings management. Journal of Accounting and Economics 33 (3): 375 – 400. Greene 2000.

[76] Kumar, A. , Page, J. K. , & Spalt, O. G. (2011). Religious beliefs, gambling attitudes, and financial market outcomes. Journal of Financial Economics, 102 (3), pp. 671 – 708.

[77] La port R. , Lopez-de-Silanes, F. , 1999. "The Benefits of Privatization: Evidence from Mexico. " Quarterly Journal of Economics, pp. 1193 – 1242.

[78] La Porta R. , F. Lopez-De-Silanes, A. Shleifer, and R. Vishny. (1998). Law and Finance, Journal of Political Economy, 106 (6): pp. 1113 – 1155.

[79] Li, Hongbin, and Rozelle, Scott. "Saving or Stripping Rural Industry: An Analysis of Privatization and Efficiency in China. " Agricultural Economics 23 (September 2000): pp. 241 – 252.

[80] Li, H. , L. Meng, Q. Wang, and L. A. Zhou. , 2008, "Political Connection, Financing and Firm Performance: Evidence from Chinese Private Firms", Journal of Development Economics, 87, pp. 283 – 299.

[81] Li, N. (2008). Religion, opportunism, and international market entry via non-equity alliances or joint ventures. Journal of Business Ethics, 80 (4), pp. 771 – 789.

[82] Li, W. , 1997. "The Impact of Economic Reform on the

Performance of Chinese State Enterprises, 1980 – 1989. " Journal of Political Economy, 105: pp. 1080 – 1106.

[83] Liu Ming, Yin Yong and Zhang Baozhu, 2008, Privatization and Corporatization as Endogeous choices in Chinese Corporate Reform, working paper, the Chinese University of Hong Kong.

[84] Liu Y. , 2006, "The Sources of Debt Matter Too", Journal of Financial and Quantitative Analysis, 41, pp. 295 – 316.

[85] Ma, D. , Parish, W. , 2006, "Tocquevillian Moments: Charitable Contributions by Chinese Private Entrepreneurs", Social Forces 85 (December).

[86] Majumadar, Summit K. 1996. Assessing comparative efficiency of the state-owned, mixed, and private sectors in Indian industry, Public choice 96, pp. 1 – 24.

[87] McCleary, R. M. , & Barro, R. J. (2006). Religion and economy. Journal of Economic Perspectives, 20, pp. 49 – 72.

[88] McGuire, S. T. , Omer, T. C. , & Sharp, N. Y. (2011). The impact of religion on financial reporting irregularities. The Accounting Review, 87 (2), pp. 645 – 673.

[89] McMillan, J. , Woodruff, C. : 1999, Interenterprise relationships and informal credit in Vietnam, Quarterly Journal of Economics 114 (4), pp. 1285 – 1320.

[90] Megginson, W. L. , J. M. Netter, 2001. From State to Market: A Survey of Empirical Studies on Privatization. Journal of Economic Literature 39: pp. 321 – 389.

[91] Megginson, W. L. , R. Nash, J. M. Netter, and A. Schwartz, 2000. The Long-Run Return to Investors in Share Issue Privatization. Financial Management 29: pp. 67 – 77.

［92］Neiheisel, S. R. , 1994, "Corporate Strategy and the Politics of Goodwill" (Peter Lang, New York).

［93］Norenzayan, A. , Shariff, A. F. , (2008) . The origin and evolution of religious prosociality. Science 322, pp. 58 – 62.

［94］North, D. C. 1990. Institutions, institutional change, and economic performance. Cambridge: Harvard University Press.

［95］Omer, T. , Sharp, N. , & Wang, D. (2010) . Do Local Religious Norms Affect Auditors' Going Concern Decisions? Available at SSRN 1664727.

［96］Parboteeah, K. P. , Hoegl, M. and Cullen, J. B. (2008). Ethics and religion: an empirical test of a multidimensional model. Journal of Business Ethics 80: pp. 387 – 398.

［97］Park, Albert and Shen, Minggao, 2003. Joint Liability Lending and the Rise and Fall of China's Township and Village Enterprises. Journal of Development Economics.

［98］Peng, M. W. , 2004. Outside directors and firm performance during institutional transitions. Strategic Management Journal 25 (5) , pp. 453 – 471.

［99］Rajan, R. , L. Zingales. , 1998, "Financial Dependence and Growth", American Economic Review, 88, pp. 559 – 586.

［100］Sachs, Jeffery, Clifford Zinnes and Yair Eilat. 2000. The Gain from Privatization in Transition Economies: Is "Change of Ownership Enough"? CAER II Discussion paper 63, HIID, Harvard.

［101］Sala-i-Martin, Xavier; Gernot Doppelhofer and Ronald I. Miller. (2004) . Determinants of Long-Term Growth: A Bayesian Averaging of Classical Estimates (Bace) Approach. The American Economic Review, 94 (4) , pp. 813 – 835.

[102] San-Jose, L. , J. L. Retolaza. , and J. Gutierrez-Goiria. , 2011, "Are Ethical Banks Different? A Comparative Analysis Using the Radical Affinity Index", Journal of Business Ethics, 100, pp. 151 – 173.

[103] Sa'nchez, C. M. , 2000, "Motives for Corporate Philanthropy in El Salvador: Altruism and Political Legitimacy", Journal of Business Ethics, 27, pp. 363 – 375.

[104] Scholtens, B. , 2006, "Finance as a Driver of Corporate Social Responsibility", Journal of Business Ethics, 68, pp. 19 – 33.

[105] Scholtens, B. , 2009, "Corporate Social Responsibility in the International Banking Industry", Journal of Business Ethics, 86, pp. 159 – 175.

[106] Sharfman, M. , 1994, "Changing Institutional Rules: The Evolution of Corporate Philanthropy, 1883 – 1953", Business & Society 33 (3), pp. 236 – 269.

[107] Shermer, M. , (2006). Believing in belief. Science 311, pp. 471 – 472.

[108] Shi, T. , (2004). Ecological economics as a policy science: rhetoric or commitment towards an improved decision-making process on sustainability. Ecological Economics 48, pp. 23 – 36.

[109] Shleifer, A. , Vishny, R. , 1994, "Politicians and Firms", Quarterly Journal of Economics 109 (4), pp. 995 – 1025.

[110] Shleifer, A. , Vishny, R. W. , 1997. A survey of corporate governance. Journal of Finance 52 (2), pp. 737 – 783.

[111] Shu, T. , Sulaeman, J. , & Yeung, P. E. (2010). Local religious beliefs and organizational risk-taking behaviors. Working paper.

［112］ Smith, Adam. (1776). An Inquiry into the Nature and Causes of the Wealth of Nations.

［113］ Snyder, Jr. , James, M. , 1990, "Campaign Contributions as Investments: The U. S. House of Representatives, 1980 – 1986", Journal of Political Economy 98 (6), pp. 1195 – 1227.

［114］ Sparkes, R. , C. J. Cowton. , 2004, "The Maturing of Socially Responsible Investment, A Review of the Developing Link with Corporate Social Responsibility", Journal of Business Ethics 52, pp. 45 – 57.

［115］ Stiglitz, J. E. , A. Weiss. , 1981, "Credit Rationing with Imperfect Information", American Economic Review, 71, pp. 393 – 410.

［116］ Su, J. , He, J. , 2010, "Does Giving Lead to Getting— Evidence from Chinese Private Enterprises", Journal of Business Ethics 93 (1), pp. 73 – 90.

［117］ Sun, Q. , Tong, W. H. S. , 2003. "China Share Issue Privatization: The Extent of Its Success. " Journal of Financial Economics 70: pp. 183 – 222.

［118］ Szymanski, D. M. , Bharadwaj, S. G. , Varadarajan, P. R. , 1993. An analysis of the market share-profitability relationship. Journal of Marketing 57 (3), 1 – 18. Dalton, D. R. , Daily, C. M. , Ellstrand.

［119］ Tao, H. and Yeh, P. (2007). Religion as an Investment: Comparing the Contributions and Volunteer Frequency among Christians, Buddhists, and Folk Religionists Southern Economic Journal, Vol. 73, No. 3, pp. 770 – 790.

［120］ The Netherlands, 1059 – 1107.

[121] Tian, George Lihui. 2000, "State shareholding and corporate performance: a study of a unique Chinese data set", working paper, London Business School.

[122] Useem, M. , 1984, "The Inner Circle: Large Corporations and the Rise of Business Political Activity in the U. S. and U. K. " (Oxford University Press, New York).

[123] Verrecchia, R. E. , Weber, J. , 2006, Redacted disclosure. Journal of Accounting Research 44 (4), pp. 791 -814.

[124] Vining, Aidan R. and Anthony E. Boardman, 1992, "Ownership Versus Competition: Efficiency in Public Enterprise, Pub. Choice, 73.

[125] Waring, G. F. , 1996. Industry differences in the persistence of firm-specific returns. American Economic Review 86 (5), 1253 - 1265. Johnstone and Bedard 2004; Journal of Law and Economics 32: 1, pp 1 - 33.

[126] Weber, M. (1905) . The Protestant ethic and the spirit of Capitalism. London: Allen & Unwin.

[127] Weiss, Andrew and Georgiy Niktin. 1998. "Effects of Ownership by Investment Funds on the Performance of Czech Firms", working paper, Boston Universtiy.

[128] William L Megginson, Jeffrey M Netter (2001) . From state to market: A survey of empirical studies on privatization. Journal of Economic Literature, 39 (2), 321 - 389. Retrieved March 16, 2009, from ABI/INFORM Global database. (Document ID: 74931067).

[129] Williamson, O. E. , (2000) . The New Institutional Economics: Taking Stock, Looking Ahead. Journal of Economic Liter-

ature, 38（3）, pp. 595 –613.

[130] Yao, Y. , L. Yueh. , 2009, "Law, Finance, and Eco-
nomic Growth in China: an Introduction", World Development, 37,
pp. 753 –762.

[131] Yusuf Shahid, Kaoru Nabeshima and Dwight H. Per-
kins, 2006, Under New Ownership: Privatizing China's State-owned
Enterprises, Stanford University Press.

[132] Zhou, W. B. , 2009, "Bank financing in China's Private
Sector: the Payoffs of Political Capital", World Development, 37,
pp. 787 –799.